Découvrez l'histoire par les archives de presse

RETRONEWS

Le site de presse de la BnF

www.retronews.fr

REVUE

HISTORIQUE ET ARCHÉOLOGIQUE

DU MAINE

TOME SOIXANTE-SEIZIÈME

ANNÉES 1914 (SECOND SEMESTRE). — 1919

AU SIÈGE DE LA SOCIÉTÉ

MAISON DITE DE LA REINE BÉRENGÈRE, GRANDE-RUE.

AU MANS

MAMERS	LE MANS
IMPRIMERIE G. ENAULT	A. DE SAINT-DENIS
28, Place de la République.	Libraire, Place Saint-Nicolas.

1914 — 1919

SOMMAIRE

REVUE
HISTORIQUE ET ARCHÉOLOGIQUE
DU MAINE

TOME SOIXANTE-SEIZIÈME

ANNÉES 1914 (SECOND SEMESTRE). — 1919

AU SIÈGE DE LA SOCIÉTÉ

MAISON DITE DE LA REINE BÉRENGÈRE, GRANDE RUE
AU MANS

MAMERS	LE MANS
IMPRIMERIE G. ENAULT	A. DE SAINT-DENIS
28, Place de la République.	Libraire, Place Saint-Nicolas.

1914 — 1919

LE MANS ET LE MAINE

SOUS LES CELTES ET SOUS LES ROMAINS

CONFÉRENCE FAITE AU MANS LE 15 DÉCEMBRE 1913 (1)

PAR M. CAMILLE JULLIAN, DE L'INSTITUT

I.

La « Colline inspirée » : rappelez-vous les beaux thèmes que Maurice Barrès vient de tirer de ces deux mots dans un livre déjà fameux.

La « Colline inspirée », c'est un sommet que la Providence a placé au-dessus des terres pour servir de ralliement aux hommes. Non pas seulement à leurs corps aux jours de danger, mais aussi à leurs âmes aux jours d'angoisse ou d'espérance ; c'est un foyer surélevé où les humains concentrent les forces de leurs cités et les communions de leurs prières.

Et ces collines durent toujours, non point seulement comme lieu de rassemblement, mais comme séjour de divinités. Il n'importe qu'aux dieux du paganisme succèdent nos saints, et que la foi humaine s'épure, se dégage de toutes ses tares pour s'élever à l'idéal actuel. L'élément

(1) Sous le patronage de la Société de Géographie.

divin demeure sur la colline et l'homme y envoie toujours une partie de son âme, le meilleur de son être.

Le Mans est une colline inspirée. Mettez-vous sur la place que domine la cathédrale, en face de cet étrange menhir qui est le plus ancien reste de votre passé. Mettez-vous là, et obligez-vous à regarder tout à la fois autour de vous dans le présent, derrière vous dans l'histoire. Forcez-vous à réfléchir et à rêver tout à la fois. Et vous verrez les ombres de toutes vos pensées et de toutes vos croyances ancestrales apparaître auprès de vous, sur cette hauteur qui fut le berceau de votre ville.

Au pied de cette colline, dans le lointain, les terres grasses et fertiles furent le lot de la tribu qui vivait ici ; plus près, la Sarthe fut le cours d'eau dont le fil formait la route de la région : sur ces terres on travaillait pour soi ; le long de la rivière on s'associait aux autres êtres. Dominant terres et route, la colline du Mans servait de lieu de refuge, de lieu de garde et d'asile. Et, en même temps, elle portait les dieux communs à tous.

Que de dieux elle a portés ! Si le vieux menhir est près de sa place originelle, déjà, dans les temps du bronze, l'homme a planté ici quelque chose de sa foi. Puis, sont venus les dieux ligures et celtes, Teutatès, Esus ou Belenus, les grands dieux à forme invisible amoureux des sommets, inspirateurs des hauts lieux, où, sur ces hauts lieux, ils trouvaient des honneurs, ils contemplaient des terres, ils étaient à la fois près du Ciel, d'où ils venaient, et sur le sol, qui les appelait. Puis les Romains ont élevé ici leurs idoles, Jupiter, Apollon et surtout ce Mercure que les Gaulois latinisés aimèrent par dessus tous les autres pourvoyeurs d'idoles. Et enfin le Christ est arrivé ici, et il s'y est fixé pour toujours. Sur le même point fut bâtie la plus vieille église du Mans ; la Cathédrale s'y est construite, cet édifice où le peuple entier communiait en son Dieu, rendez-vous terrestre d'un quartier de la cité divine. Côte à côte aujourd'hui, menhir et Cathédrale, et, en couches successives dans le sol, débris des temps du bronze, fers celtiques, maisons romaines, vous avez tout cela sur les quelques pieds carrés qui surplombent la Sarthe et qui portent les plus hautes assises de votre cité. Tous les âges y sont réunis, s'y consolident l'un par l'autre. Et tous, tous, sous des formes différentes, parlent de foi, de croyances, d'espérance en la Colline qui les a successivement inspirés. De la Gaule à la France, Le Mans n'a cessé de prier .et de vivre ici, perpétuant le même être à travers des civilisations opposées.

II.

La Gaule et la France : c'est à dessein que je rapproche ces deux noms. Et si le patriotisme me fait une joie de ce rapprochement, l'histoire m'en fait un devoir. Gaule et France, ces deux êtres se sont merveilleusement ressemblés.

Elles ont eu mêmes limites : je parle pour la France des temps où la force ne l'avait pas encore mutilée. Comme elle, la Gaule s'adossait au Rhin d'Alsace et cherchait à s'appuyer sur les Alpes et les Pyrénées.

Pareille à la France d'aujourd'hui, la Gaule avait le sentiment qu'elle était une nation. Les hommes parlaient des dialectes semblables. Un lien fédéral unissait ses nations. De grands pèlerinages établissaient entre tous les peuples la circulation d'une foi commune. D'énormes montagnes, comme le puy de Dôme, offraient des divinités supérieures à l'adoration de tous.

On sentait chez tous les Gaulois le désir d'être une grande patrie. Nulle part, dans le monde antique, il n'y eut un tel phénomène d'aspirations largement nationales, unissant à une vaste région naturelle une masse d'hommes semblable. L'Italie, la Grèce, se morcelaient en cités rivales. L'Orient vivait sous la loi de despotes. En Espagne, les populations

s’ignoraient. La Gaule seule cherchait à devenir un immense
État, parlant à ses membres d’union et d’unité.

III.

Dans cet État qui se formait, chaque peuplade avait son
rôle et tenait son rang.

La peuplade, dont Le Mans faisait partie, était celle des
Aulerques, qui s’étendaient jusque vers Evreux, vers Jublains,
vers le Perche et vers la Loire.

C’était un pays riche en rivières, où les terres ondulaient
et se vallonaient pour s’en aller toujours finir vers le fleuve
ou la rivière, comme les sommets d’une vague aspirent
toujours à descendre vers le sillon de l’eau. Qui sait si le
mot d’Aulerques, « *Aulerci* » en latin, ne rappelle pas ce
caractère du pays ? Et si, dans ce mot, il n’y a pas le radical
aul qui, chez les Indo-Européens, a si souvent signifié
« creux » ou « vallon » ?

Les Aulerques devaient à leurs terres d’être très riches.
Les grandes terres du Maine portaient déjà leurs moissons,
leurs herbages, leurs vergers. Déjà, aux jours de printemps,
les pommiers avaient leurs promesses fleuries, gage de
cidre pour l’automne. La pomme était, chez les Gaulois, un
fruit national. Déjà peut-être (je dis peut-être, car la preuve
me manque), les abeilles couvraient les arbres de leurs
essaims et les poulardes picotaient dans les enclos. Si j’en
juge par ce que nous savons pour d’autres provinces de la
Gaule, les hommes des temps celtiques avaient dès lors tiré
de vos terres tout ce qui devait les rendre fameuses et utiles.

Ces richesses sont restées. Mais il en est une dont je n’ai
point parlé, que les temps ultérieurs devaient abolir et que
peut-être l’époque actuelle verra reparaître, la richesse
minérale.

Le pays, dans les temps gaulois, fut très riche en or.
Regardez, au Cabinet des Médailles, à Paris, la carte des

monnaies gauloises dressée par M. de La Tour ; vous verrez, du côté du Maine, la grande tache d'or qu'y fait le monnayage des Aulerques.

Beaucoup d'or, beaucoup de bonnes terres, cela faisait un peu trop de richesses. En revanche, la nature avait sacrifié les Aulerques en matière de force. Je veux dire qu'il manquait à cette peuplade les montagnes, les rochers, les nids d'aigle, les retraites inexpugnables qui faisaient en ce temps là les ressources militaires des grandes nations celtiques.

La suprématie alors appartenait aux hauts lieux. Si les Eduens, si les Arvernes ont commandé à la Gaule, c'est parce qu'ils étaient maîtres, ceux-là du Morvan et ceux-ci des Puys. Si Gergovie a été la capitale des Arvernes et Bibracte celle des Eduens, c'est parce qu'elles étaient campées comme des nids de vautours au sommet de monts inexpugnables. Et si le dieu du puy de Dôme était le plus célèbre de toute la Gaule, c'est parce qu'il résidait sur le sommet le plus dominateur.

Votre pays n'avait pas de ces sommets et de ces montagnes ; les collines inspirées ne font pas toujours la puissance humaine. Par suite, les Aulerques, si riches qu'ils fussent, ne purent prétendre à un rôle dominateur parmi les nations gauloises. Ils le laissèrent aux grandes peuplades des montagnes du Centre, aux Eduens de Dumnorix, aux Arvernes de Vercingétorix.

IV.

Il n'empêche qu'ils ont fait brillamment parler d'eux sur les champs de bataille, au siècle de la grande épopée celtique.

Ce siècle fut celui — quatre cents ans avant notre ère — où les Celtes eurent l'ambition de conquérir le monde à leur nom. On les vit franchir le Rhin et descendre le Danube jusqu'aux portes de Constantinople, franchir les Alpes et descendre le Tibre jusqu'au pied du Capitole.

Les Aulerques furent de la glorieuse partie. Ils se mirent avec la bande des Alpes, celle qui convoita l'Italie. Comme les Senons de Bourgogne, les Eduens du Morvan, les Lingons de Langres, les Aulerques du Mans traversèrent les Alpes malgré neiges et montées, et se répandirent dans la vaste plaine de la Lombardie. Une fois là, les terres étaient si belles et si riches sur les bords du Pô, que nos Celtes y restèrent.

Et c'est sans doute pour cela que nous trouvons, autour de Vérone et de Brescia, une nation gauloise de Cénomans, fille et filleule sans doute des Aulerques qui ont fondé Le Mans. Là où, dans le monde, étaient fécondes emblavures et longs sillons de charrues, vous pouvez être presque sûrs de trouver les bras et le travail de Celtes issus des champs de la Gaule.

V.

Mais le nom de ces Celtes du Maine, de l'Anjou ou du val de la Loire, n'apparaît pas seulement à propos de courses lointaines ou d'efforts agricoles. Il peut aussi se prononcer à propos des plus belles œuvres de la pensée humaine. Voici à quoi je fais allusion.

Près du Pô, non loin du territoire des Cénomans, grandit une bourgade qui s'appelait *Andes*. Ce nom, je crois bien qu'il a été donné à la bourgade par une colonie de Celtes, ces *Andes* ou *Andecaves* de l'Anjou qui furent les voisins et les amis des Aulerques. Sans doute, ils partirent tous ensemble pour la grande conquête d'outre-monts, et, tandis que les Aulerques s'arrêtaient à Brescia, les Andes s'installèrent près de Mantoue et la localité prit leur nom.

Or, dans cette localité d'Andes, devait naître, trois à quatre siècles plus tard, le poëte le plus fameux du monde latin, peut-être, Homère mis à part, du monde indo-européen, Virgile.

Virgile serait-il d'origine gauloise ? d'origine angevine ? Pourquoi pas ? Je ne suis pas le premier, du reste, à l'avoir dit.

Remarquez que le nom de Virgile, *Virgilius*, paraît bien de caractère celtique. Voyez chez Virgile ce goût des champs, des vastes espaces agricoles, de la vie rurale, qui rappelle tellement l'esprit de nos ancêtres et celui des bords de la Sarthe ou du val de la Loire, que des détails d'exploitation dans les *Géorgiques* n'ont pu être bien expliqués qu'à l'aide de certains usages gaulois.

Virgile serait donc un peu des nôtres. N'a-t-il pas cette joie de la terre, cette tendresse humaine, cette douceur aimante vers les choses, que l'âpre Latin ne connaissait guère et qui ont fait de tout temps le charme de la vie française ?

VI.

Après ce beau siècle d'épopée — qui valut au monde l'Allia, victoire des Celtes, le Capitole assiégé par eux, les champs de blé mûrissant en Lombardie et les préludes de l'âme de Virgile — après cette poussée vers le dehors, Aulerques et Gaulois se replièrent chez eux, vécurent et se querellèrent dans leurs frontières, jusqu'au jour où arrivèrent les légions, les proconsuls, Domitius, César et la loi de Rome.

Mais, avant la paix romaine, il fallut que la Gaule donnât à l'histoire une autre épopée, celle de la résistance et de l'effort pour vivre libre ou pour mourir glorieuse, celle de Camulogène et de Vercingétorix.

En cette épopée encore, nos Aulerques eurent leur rôle : parmi les combattants de l'indépendance ils prirent leur rang. « *Ense et aratro* », ce fut leur devise comme celle du monde celtique.

C'est surtout en 52 avant notre ère, l'année de la grande

guerre, qu'ils firont merveille. Cette année-là, contre toute la foule insurgée, César groupa toutes ses légions. Il les répartit en deux corps. Contre Vercingétorix et les révoltés du centre, il partit lui-même. Contre les révoltés du nord et de l'ouest il envoya son meilleur général, son *alter ego*, Labienus.

Labienus avait affaire aux gens de la Seine, de la Bretagne (alors l'Armorique), du Maine et du val de la Loire. Ceux-ci s'étaient concentrés à Paris, qui s'appelait alors Lutèce.

Paris n'était alors qu'une très petite ville, bloquée dans son île, mais elle n'en avait pas moins déjà sa position exceptionnelle de carrefour militaire, à la croisée de la Seine, de la Marne et de l'Oise, au voisinage de la Loire et d'Orléans. Et c'est pour cela que tous les Celtes s'y étaient donnés rendez-vous.

Or, pour chef de guerre, pour héraut et héros de la liberté, ces Celtes choisirent un Aulerque, Camulogène.

Observez le rapprochement. Là-bas, du côté des monts d'Auvergne, en vue du puy de Dôme, commande Vercingétorix, fils des hauts lieux. Ici, à Paris, au confluent des grandes routes de plaine, commande un Aulerque, fils des terres limoneuses et des fleuves sociables.

Comment il combattit et mourut, vous le savez par César. Ce fut dans la plaine de Grenelle, près de ce chemin de Vaugirard par lequel le Maine, aujourd'hui encore, communique avec Paris. En face des légionnaires de Labienus, bardés de fer, solides comme des tours, mobiles comme des javelots, les hommes de Camulogène ne faiblirent pas. Et ne pouvant vaincre, ils moururent tous, Camulogène au milieu d'eux.

Sur le champ de bataille de Paris, à cet endroit prédestiné pour le renouveau de la Gaule, un des vôtres avait su donner à cette Gaule expirante le plus bel épisode de l'histoire de sa liberté.

« *Ense et aratro* » : par le travail et par la mort, les Aulerques servaient leur pays et préparaient la France.

VII.

En attendant, sous la loi romaine, résignés, ils se formèrent à l'obscur travail des peuples soumis. Qu'est-ce que la domination latine va apporter de nouveau aux pays aulerques ?

Ne disons pas de la bonne terre, de l'amour pour les cultures. Non ! Vos pays connaissaient cela depuis longtemps.

Ce qu'il y eut alors de nouveau, ce fut le goût de la bâtisse, de la construction. Avant tout, les Romains firent de leurs sujets des constructeurs.

Sur votre colline du Mans des temples s'élevèrent drus et solides. Au pied, s'étagea un amphithéâtre de pierre, aux gradins superposés. Plus d'espace libre pour les dieux, plus de vastes champs pour les foules : le temple va enfermer ceux-là, l'amphithéâtre va grouper celles-ci. De la muraille, des enclos, des plafonds et des planchers, Rome en bâtit pour tout le monde, pour tous les besoins.

Les morts se font à la nouvelle mode. Aux tertres des temps celtiques succèdent des mausolées hauts, droits, compacts. Voyez les ruines dites des Fées près d'Allonnes : cela semble d'un seul bloc tellement le ciment agglutine la pierre. Je crois bien que c'est un tombeau où les morts d'une ville voisine vivaient dans leur gangue de pierre.

Le ciment romain indestructible, si résistant qu'il faut parfois faire jouer la mine pour le détruire, ce ciment est peut-être au fond le symbole de la civilisation latine ; elle a surtout fait des monuments, remué des pierres, dressé des murs, coagulé de la terre.

Tout, alors, prend la forme lapidaire. Les dieux gaulois ne se voyaient guère. C'étaient des dieux à la nature sauvage et idéale à la fois, lointains et puissants. Les dieux romains qui arrivent maintenant semblent ne vouloir vivre que par la pierre et pour la pierre. Ce sont Mercure, avec son caducée, Jupiter, avec son sceptre, durs et d'apparence éternelle comme la pierre dont ils sont faits.

Et les morts aussi se font de pierre. Cela signifie qu'ils veulent aussi avoir leurs figures. Riches et pauvres se font représenter, pour se perpétuer auprès de leurs descendants, en figures de pierre ou en portraits en buste sur leurs tombeaux. Et tout autour du Mans, ville de vivants, rayonnera le long des routes une cité des morts, debout dans leurs niches de pierre.

VIII.

Pourtant, les Aulerques ne furent pas aussi séduits par la pierre, le monument, l'image, que le reste des Gaulois.

Ici, vous n'avez, de resté debout, aucun monument comparable aux arènes de Nîmes ou au temple de Janus d'Autun. Il faut chercher très bas, dans votre sous-sol, pour trouver les débris des édifices romains. Je me demande s'ils furent très nombreux. Vos musées sont pauvres, les plus pauvres de France en vestiges monumentaux. Je ne crois pas que ce soit l'effet d'un pur hasard.

De même, ils possèdent, ces musées, fort peu de statues de divinités romaines, également fort peu de bas-reliefs funéraires. Voyez, à côté de vos salles modernes, les salles encombrées de stèles des musées d'Autun ou de Sens. Je doute encore que ce soit l'effet du hasard.

Et voici ce que je me permets de supposer pour expliquer cette pauvreté du Mans en choses lapidaires, pierres et monuments, de statues, de tombeaux.

Les Aulerques, vos ancêtres, se sont moins passionnés pour la pierre, le ciment, la figure, la bâtisse que le reste de la Gaule ; ils restèrent plus fidèles aux traditions des ancêtres, aux usages des Celtes.

Aux édifices de pierre, ils préférèrent les enclos à ciel ouvert ou les charpentes de bois. Aux tombes à images, ils préférèrent la simplicité hiératique des tertres de terre. Aux dieux en images, ils préférèrent les divinités qui ne se voyaient pas. On dirait que cette contrée fut la dernière à oublier Esus, Teutatès, les druides, les choses du passé. Je ne l'en blâme pas.

L'idole la plus curieuse de ce temps-là est une statuette de pierre trouvée dans la campagne voisine, armée d'une serpe semblable aux serpes dont vos paysans émondent encore les haies. Ce dieu est bien l'image éternelle de la population de ce pays, éprise de ses terres, de ses enclos aux haies vives, caressant ses arbres comme la mère fait son enfant. Et cette allure, les Aulerques la tenaient des temps gaulois, et même malgré les lois et l'exemple de Rome ils se refusèrent à la perdre.

IX.

C'est au Mans même que les gens changeaient le plus. Ici, on était en ville, les magistrats copiaient Rome, les marchands répandaient ses produits. On voulait y vivre un peu à l'instar de la grande capitale. Je ne m'en réjouis pas.

Car, l'imitation de Rome, en ce temps-là c'était surtout celle de ses plaisirs. Et parmi les plaisirs romains, aucune espèce ne se répandit autant, au Mans comme ailleurs, que le plaisir de l'amphithéâtre. Au pied de la colline qui portait la ville, je vous l'ai dit, s'étalait l'amphithéâtre.

Ce qu'on y faisait, c'était de tout, sauf de la besogne propre et morale.

On y présentait d'abord des bêtes, et surtout des ours, des sangliers, des cerfs, que l'on faisait combattre entre eux ou contre des hommes. J'imagine que les lions et fauves d'Afrique coûtaient trop cher pour une petite ville de province.

Mon cher confrère, M. Robert Triger, à qui vos antiquités doivent tant, me montrait ce matin, à votre musée, un rhinocéros de bronze, pièce unique en son genre. C'est le souvenir de quelque bête présentée à l'amphithéâtre. A celui du Mans ? M. Triger en doute, et moi aussi. Un rhinocéros coûtait fort cher ; il n'y avait que Rome qui pût s'en payer. Peut-être ce petit bronze aura-t-il été apporté par quelque manceau au retour de la capitale.

Puis, dans l'amphithéâtre, on faisait combattre des gladiateurs. Les gladiateurs, voilà la grande passion d'alors. On en raffolait. Pas même l'engouement de l'Espagne pour les courses de taureaux ne peut expliquer celui de la Gaule pour les combats de gladiateurs. Sur toutes les vaisselles d'alors — ces poteries à vernis rouge qui abondent dans les musées — le gladiateur est le sujet le plus représenté. Un Gaulois vivait sa semaine entière dans l'espérance du combat prochain, et on discutait la valeur des hommes, comme de nos jours en Espagne ou dans le Midi on pérore sur la valeur des taureaux.

Et enfin, dans les amphithéâtres, on exposait les prisonniers, on torturait peut-être les prévenus, on exécutait les coupables. L'amphithéâtre, en ce temps-là, c'est la place publique ; rappelez-vous la place du Moyen-Age avec ses foires, ses baladins, ses « cris » publics, ses piloris, ses échafauds. L'amphithéâtre, c'est l'endroit où la foule s'entasse pour des impressions communes. Et c'est pour cela que les Romains y firent venir les chrétiens à l'heure du supplice, afin de frapper de terreur ceux qui voudraient les écouter.

Et cela, le supplice des chrétiens, finit par purifier, dans l'émotion, l'amphithéâtre hideux des temps romains. Car, dans ce lieu brutal et vulgaire où il n'y avait que sang versé pour le plaisir et la bêtise des foules, enfin on put voir une douleur venant d'une source pure et remontant vers un idéal.

X.

Mais, au moment où le Christianisme apparaissait, la société romaine du Mans était obligée, sous des périls inattendus, à prendre une forme nouvelle.

Jusqu'ici, cette société est restée pacifique. Elle n'a pas une allure militaire. Dans les campagnes, personne ne redoute l'ennemi ou le brigand. Les villas sont de belles constructions ouvertes, aux fenêtres épanouies sur les champs. Les sanctuaires ruraux sont d'aimables temples à péristyles, largement ouverts à tous. Et la ville du Mans même, sur son antique colline, est aussi libre et dégagée dans ses entournures que le Gallo-romain dans sa tunique de travail ou dans sa toge de cérémonie ; aucune enceinte de murailles n'en marque le contour ou n'en limite la surface. Là où finissent les rues des vivants, commencent immédiatement les rues des morts. Des faubourgs continuent les espaces aux habitations agglomérées. Comme aujourd'hui, on passe par transitions infinies de la rue vivante à la route encombrée, de la route encombrée à la route silencieuse, au chemin rustique, à la sente agreste. Rien ne révèle ici la crainte d'un danger et une précaution militaire.

Même aujourd'hui, Le Mans est plus militaire d'aspect, avec ses casernes et ses champs d'exercice. Jamais, à aucun moment de son histoire, votre ville n'a eu l'apparence plus désarmée, plus civile qu'à l'époque romaine.

Non pas que l'État romain n'eut pas de graves dangers à redouter. Il n'est aucun État qui puisse se passer d'ennemis. Ceux de la Gaule romaine étaient, comme à l'ordinaire, sur le Rhin, où Suèves et Teutons, Alamans et Francs, se pressaient sans cesse aux aguets, dans la convoitise de ces belles terres dont ils sentaient les approches au couchant d'hiver.

Mais contre ce danger, Rome avait pris ses précautions à la frontière même. C'était à la frontière qu'étaient les armées, les camps, les routes, toute la tâche de protection militaire.

Oui, il y avait des remparts dans l'Empire romain. Mais le rempart, c'était la frontière même qui le faisait, avec ses légions, ses colonies, ses *castella* et ses *burgi*.

Et derrière cette frontière, à l'abri de ce rempart, la vie était libre, calme, sans danger, en toute sécurité. Et protégées par les garnisons du Rhin, la ville du Mans et ses campagnes s'épanouissaient ensemble, celle-là songeant surtout à ses plaisirs, celles-ci continuant la besogne séculaire des profonds labours.

XI.

Mais un jour la cuirasse creva, c'est-à-dire que les Germains parvinrent à faire une brèche dans la frontière, à passer entre les garnisons, à se répandre du Rhin sur la Gaule entière. Ils parvinrent au Mans vers le milieu du troisième siècle et sans doute plus d'une fois.

Alors, ce fut d'abord une première flambée. Aucune muraille ne les arrêtant, ils purent piller, détruire, brûler partout à leur guise. Ruinés, les sanctuaires ruraux où les dévots avaient accumulé tant d'offrandes d'or et d'argent. Ruinées, les belles villas des grands seigneurs, aux murs recouverts de peintures, à la vaisselle de métal garnissant les étagères, aux statues de marbre et d'or ornant les portiques. Ruinée la ville même du Mans, aux rues affairées, à l'amphithéâtre bruyant, aux temples ruisselants d'ex-votos.

Et ensuite, la ruine commencée, elle fut toujours à redouter à nouveau. Les Barbares, au milieu du quatrième siècle, revinrent près du Mans. Au début du cinquième, ils sont encore à vos portes. Il ne sera plus possible de songer à réparer les ruines, à relever les édifices. L'amphithéâtre a réellement pris fin, et pour toujours. La « colline inspirée » n'est plus qu'un lambeau de sanctuaire.

Pourtant, il faut vivre encore, abriter ces citadins qui demeurent, ces paysans qui travaillent. Et puisque les remparts des frontières ne suffisent plus, hé bien, il faut se résigner à donner aux groupes humains une forme nouvelle ; il faut fortifier villes et villas, localiser la défense, rendre la protection immédiate. Les temps des remparts vont commencer.

XII.

Nous sommes vers l'an 300 de notre ère. Le Mans, vers cette date, se donne ce qui lui manquait depuis les temps gaulois (en supposant que la ville gauloise eût été fortifiée), se donne une enceinte murale.

Cette enceinte, vous la connaissez bien. En dépit de siècles de guerres, de révolutions, elle a laissé des vestiges dans ces tours et ces pans de murs qui dominent la rivière, adossés encore comme des étais traditionnels et symboliques aux vieilles rues des hauts quartiers.

J'ai visité ces ruines ce matin, guidé par M. Robert Triger. Etait-ce la simplicité convaincue des explications que me donnait mon guide ? Etait-ce le charme qui se dégage des vieilles murailles entrelacées de lierre ? Etait-ce la séduction profonde qui remonte des souvenirs de la vie municipale ? J'ai rarement plus réfléchi et rêvé vers le passé, senti ses effluves et subi ses leçons qu'en errant, en pélerin curieux, le long des remparts romains du Mans.

Refaites souvent vous-mêmes cette promenade. Cherchez le mur communal derrière la maisonnette qui s'effrite, au pied du rocher qui surplombe, et dites-vous bien que ce rempart a droit à tout votre respect : car il a contribué à faire votre âge.

XIII.

C'est, en effet, le dernier et suprême service que les temps aulerques vous ont rendu. En vous donnant une enceinte murée, ils ont achevé de forger une ville et d'animer son âme.

La Gaule avait donné au Mans la sécurité de sa colline et la jouissance intelligente des terres qu'elle domine. Rome, dans la première partie de sa domination, habitua les hommes à mettre les pierres taillées des édifices sur les pierres brutes de la nature, et elle habitua les hommes à vivre ici d'une vie commune dans des demeures permanentes. Rome enfin, dans la dernière partie de sa domination, compléta la besogne des siècles écoulés en donnant à cette colline, à ces demeures, à ces hommes, l'enclos protecteur de remparts immuables.

Je sais bien que, derrière ces remparts, les rues paraissaient plus étroites, les maisons plus tristes, la vie plus sombre. Ils donnaient à tort l'impression du péril et la transe du lendemain. L'allure de la cité était moins dégagée, l'allure des rues était moins libre.

Il n'en est pas moins vrai que les remparts faisaient la ville plus forte et les hommes plus unis. A la cité, ils donnaient des lignes définies qui la faisaient ressembler davantage à une demeure fixe et permanente. Aux citoyens, ils donnaient l'habitude de vivre plus serrés les uns contre les autres, de se sentir les coudes, de s'armer ensemble.

Le rempart, c'était quelque chose de sacré qui rapprochait l'habitant de sa ville, l'homme du sol bâti, les souvenirs du passé des désirs futurs. Il achevait l'édifice moral d'une cité, commencé sur la colline sainte. Le rempart aidait l'église à perpétuer l'être municipal.

Et grâce à lui, Le Mans continua à pouvoir vivre sur sa colline, autour de sa cathédrale. Pendant un millénaire et davantage, il absorba sur ce point sacré le meilleur de sa vie. Les invasions ont beau se multiplier en Gaule, les Barbares presque toujours se heurtent en vain aux murailles, et les splendeurs de la ville médiévale, de sa liberté et de sa foi se développent à l'abri du rempart romain. C'est lui qui a permis à votre ville de survivre à la Gaule en attendant la France.

Deux choses forment cette France, forment toutes les patries : des cœurs très solides et des remparts très forts, la cuirasse de pierre doublant la cuirasse de vertu.

Votre pays a su montrer avec les Celtes qu'il était déjà prêt à toutes les vertus de travail et de courage. Et il a reçu des Romains, avec les tours et les murs de sa citadelle, les assises éternelles de sa force municipale. Pierre qui protège, étincelle qui anime, arme au pied et patriotisme, il faut l'un et l'autre à la France.

Camille JULLIAN.

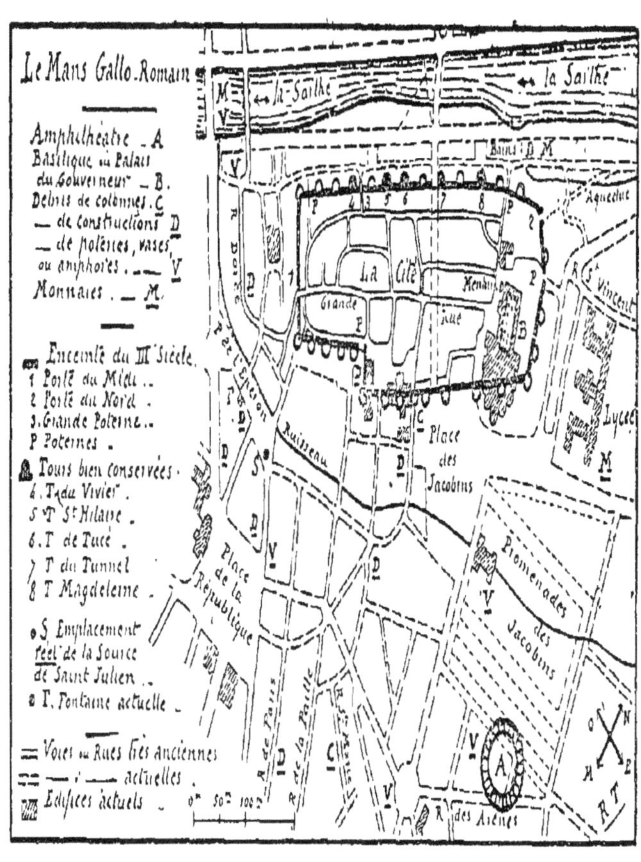

Le Mans Gallo-Romain
Amphithéâtre _ A
Basilique ou Palais
du Gouverneur _ B.
Débris de colonnes _ C
_ de Constructions D
_ de poteries, vases,
ou amphores _ V
Monnaies _ M.
Enceinte du III Siècle
1 Porte du Midi
2 Porte du Nord
3 Grande Poterne
P Poternes
Tours bien conservées
4. T. du Vivier
5 T. St Hilaire
6. T. de Tucé
7 T. du Tunnel
8 T. Magdeleine
S. Emplacement
réel de la Source
de Saint Julien
T. Fontaine actuelle
Voies ou Rues très anciennes
actuelles
Edifices actuels
0 50 100
la Sarthe
la Sarthe
Bains
Aqueduc
La Cité
Grande
rue
Rue
Place
des
Jacobins
Promenades
des
Jacobins
R. Vincent
Lycée
R. de l'Union
R. Dorée
Ruisseau
St
Place
de la
République
R. de Paris
R. de la Paille
R. Paris
R. des Arènes
A
N
O
E
S
NORT

LES ORIGINES DE L'ART

DANS LE MAINE

A L'ÉPOQUE GALLO-ROMAINE

CONFÉRENCE FAITE AU MANS, LE 7 DÉCEMBRE 1913 (1)

. . . En abordant mon sujet, Messieurs, je commence par solliciter de votre indulgence une bonne note.

Je vous fais grâce de ce qu'on appelle les temps préhistoriques et je ne vous fais pas remonter jusqu'au déluge.

C'est quelque peu méritoire.

Volontiers, certains archéologues se laisseraiént entraîner à rechercher des essais très primitifs de monuments dans les nombreux dolmens que conserve notre région et dont le dolmen de Duneau nous offre l'un des spécimens les plus remarquables de France. Volontiers, ils se demanderaient si, à défaut des griffes du diable, les empreintes que portait la *Pierre au Diable*, d'Hambers, les figures géométriques gravées sur le dolmen de Roches, à Vouvray-sur-Huisne, et les plis, réguliers comme une draperie, du

<hr>

(1) A la Société des Amis des Arts. — Article composé en juillet 1914.

menhir adossé à la nef de notre cathédrale ne révèleraient pas une première idée de décoration ?

L'un des célèbres monuments mégalithiques de Locmariaquer porte des plis réguliers, *gravés* de main d'homme, absolument semblables aux plis naturels de ce menhir. Les

MENHIR DU MANS

(Dessin de Mᵉˡˡᵉ Geneviève Vincent.)

décorations en forme de draperies auraient-elles donc été les premiers ornements des monuments du culte, et les plis du menhir du Mans auraient-ils contribué à le faire choisir comme pierre sacrée ?

Toutefois, malgré les exemples de Locmariaquer, il faut une foi si robuste pour dégager des monuments mégalithiques une notion quelconque d'art que je me borne honnêtement à vous faire remonter aux temps historiques.

Pour cette période elle-même, une question générale se

pose tout d'abord. A-t-il existé un art véritablement *gaulois*, indépendant des influences grecques ou phéniciennes, un art *indigène*, ou mieux un art *national ?*

Depuis Eugène Hucher, le distingué savant qui a fait tant d'honneur aux Manceaux dans le monde de l'érudition, jusqu'à M. Camille Jullian, le plus récent et très éminent historien de la Gaule, nos meilleurs maîtres n'hésitent pas à répondre affirmativement. Tous, au moins, sont unanimes à croire que, si l'influence grecque ou étrusque n'a pas été étrangère à la naissance et au progrès de l'art gaulois *figuré*, cet art a bien souvent aussi reproduit des êtres et des pensées *indigènes ;* que, de tout temps, il a existé chez les Gaulois, un fond de notions artistiques qu'on peut considérer comme *indigènes.*

Les Gaulois, il est vrai, n'ont jamais eu d'architecture, car leurs maisons ne furent construites qu'en bois, en pierres brutes ou en terre argileuse. Ils n'ont pas eu davantage de sculpture, car jusqu'à la conquête romaine, ils ne sculptèrent point les pierres et les Druides leur défendirent de représenter la divinité.

Mais, dès les temps les plus reculés, ils eurent un art ornemental et comme vous savez qu'ils aimaient beaucoup la parure, comme ils étaient, pour dire le mot, très coquets, les premiers essais de cet art se retrouvent de préférence sur les bijoux, sur les colliers et bracelets qu'ils portaient à profusion.

Nécessairement, nos aïeux directs, les Aulerques Cénomans et Diablintes qui occupaient les territoires actuels des départements de la Sarthe et de la Mayenne, partagèrent ce goût national de la parure.

A diverses reprises on a découvert des colliers et des bracelets très anciens, en bronze ou en cuivre jaune, sur notre sol, dans la Mayenne notamment, à Méral et à Renazé.

Or, la plupart de ces bracelets, de provenance locale, sont ornés de rayures en chevrons, de losanges ou d'amandes gravés au trait, de lignes alternativement verticales et horizontales, de dessins quadrillés, en un mot de dessins géométriques très variés et d'une grande netteté.

Ces dessins géométriques, Mesdames, Messieurs, sont les premières manifestations de l'art, manifestations encore

BRACELETS GALLO-ROMAINS TROUVÉS A MÉRAL

(Commission historique de la Mayenne.)

enfantines. Peu à peu, elles se compléteront d'enroulements et de spirales plus compliqués, puis de ce décor annelé ou cerclé dont on peut dire qu'il n'a pas d'âge, et finiront par produire des œuvres assez habilement ouvragées, telles que la curieuse rouelle conservée au Musée archéologique du Mans, sous le n° 97, et qui peut donner une idée de ce que fut, chez nous, à son apogée, le travail gaulois du bronze.

Fait très intéressant. Bien qu'ils provinssent d'un instinct commun, semble-t-il, à toutes les races indo-européennes, les dessins géométriques, éléments essentiels de l'art primitif gaulois, avaient un caractère si profondément *indigène*, qu'ils survivront à toutes les transformations postérieures et reparaîtront dans la décoration romane. Les chevrons brisés, les dents de scie, les annelets concentriques, les motifs quadrillés, fréquents sur les murs de nos églises des XIᵉ et XIIᵉ siècles, sont, par le fait, de tradition gauloise. Si le temps me le permettait, le rapprochement prêterait à quelques aperçus originaux sur la persistance de certaines idées artistiques et sur les origines de l'ornementation romane.

Pour ne pas abuser de votre attention, je me contente de vous dire que les lignes brisées, les chevrons, les points en creux, même les feuilles de fougère, se retrouvent encore sur les poteries gauloises, entre autres sur les vases découverts à Cormes, Lavardin, La Bazoge et Voutré.

Mais, Messieurs, les Cénomans et les Diablintes firent mieux, pour l'art, que d'imiter les timides dessins qui ornaient les bijoux et les poteries des diverses peuplades de la Gaule. Dans une branche spéciale, l'art monétaire, ils firent preuve d'une véritable initiative artistique et surent créer des types réellement nouveaux.

Dès le IIIᵉ siècle avant J.-C. ils inaugurèrent deux séries de monnaies, où, à côté de copies habiles des coins macédoniens, apparaissent nettement des emblèmes particuliers aux Aulerques.

L'une de ces séries est au type d'*Ogmios*, le dieu gaulois de l'éloquence, personnage empreint d'une incontestable couleur locale. Ses traits sont énergiques, un sillon profond est tracé sur son front, ses cheveux en désordre gardent une apparence d'arrangement systématique. Au-dessus de la tête, en guise de signature, est gravé l'hippocampe, sorte de cheval marin monstrueux qui caractérise d'une manière toute spéciale les Redons et les Cénomans.

La seconde série porte, sur la face, une imitation de l'Apollon macédonien ; au revers, un cheval androcéphale, c'est-à-dire un cheval ailé, à tête humaine, traînant un char

conduit par un personnage qui tient un fouet et le *vexillum*,
signe de la victoire. Sous les pieds du cheval, gît un guer-
rier ou un génie ailé, armé d'une lance et d'une épée, ren-
versé la face contre terre.

Sur ces monnaies dont notre Musée archéologique possède de précieux exemplaires, le mélange des influences
artistiques saute pour ainsi dire aux yeux. La tête d'Apollon
et le cheval ailé sont évidemment empruntés aux statères

STATÈRE D'OR TROUVÉ DANS LES COÉVRONS
(Société des Archives du Maine.)

macédoniens. Le type d'Ogmios, l'hippocampe, la tête
humaine accolée à un corps de cheval, les conducteurs
parfois monstrueux de ce cheval, et le *vexillum*, emblème
de victoire, sont non moins évidemment d'inspiration
gauloise.

Les monstres conducteurs sont, comme l'a très bien vu
Eugène Hucher, les figures des puissances sacrées ou des
fétiches qui mènent au combat le cheval et le Gaulois, deux
amis inséparables ; dans leur ensemble, ces représentations
offrent, avant tout, une exaltation de la guerre ou mieux du
culte militaire.

Le dessin est souvent si net, si énergique, qu'Hucher a
pu dire encore, sans être démenti, que l'auteur des premières monnaies d'or des Cénomans fut un artiste de beaucoup de talent, qu'il sut déployer un génie inventif incontestable et des facultés artistiques très réelles. Dès lors, on
peut le dire aussi, l'art était né dans notre région

Certes, Messieurs, il ne saurait nous déplaire de voir nos

lointains aïeux les Aulerques appliquer ainsi leurs premières aptitudes artistiques à l'exaltation du sentiment militaire. Après vingt-trois siècles, cela procure aux vieux patriotes de ma trempe la joie de redire que ce sentiment est bien inné à notre race, que les Français de nos jours ne peuvent le renier sans renier non seulement toutes leurs traditions nationales, mais leurs origines gauloises elles-mêmes !

Malheureusement, Messieurs, le culte militaire qui inspira à nos ancêtres gaulois leurs premières créations artistiques, ne put leur éviter la perte de l'indépendance.

Cinquante ans avant J.-C., César avait achevé la conquête de la Gaule et ses légions avaient définitivement ouvert les routes de notre pays à la civilisation romaine.

Bien que les Cénomans aient fourni à Vercingétorix un contingent de 5000 hommes et l'un de ses meilleurs généraux, la soumission de leur territoire ne paraît pas leur avoir laissé d'irréductibles rancunes. Avec cet engouement parfois peu réfléchi que les Gaulois de tous temps éprouvent pour les nouveautés à la mode, les classes dirigeantes se prirent d'une vive admiration pour les arts, les mœurs et les modes des vainqueurs.

La transformation même fut beaucoup plus rapide qu'on ne l'a cru longtemps. Des légions d'ouvriers, d'architectes, de décorateurs, de potiers, avaient suivi les armées. Bientôt, fut, ce comme l'a dit Courajod dans ses leçons à l'École du Louvre, une époque de splendeur extraordinaire, une époque de production folle, où la bâtisse et la statuomanie firent rage.

De toutes les études locales récentes, il ressort qu'au plus tard au II⁰ siècle de l'ère chrétienne, les deux capitales des Cénomans et des Diablintes, Le Mans et Jublains, étaient devenues de grandes villes pour ainsi dire romaines, qu'on y trouvait la plupart des édifices, les décorations, le luxe et le confort des cités d'Italie ; qu'en outre de plusieurs agglomérations importantes, le territoire entier des Aulerques était parsemé de nombreux établissements, thermes et villas, où le sentiment artistique s'affirmait déjà par des œuvres multiples.

Cependant, Messieurs, il importe de remarquer, dès le principe, que l'art romain demeurera toujours un art d'importation, un art en quelque sorte administratif et officiel, qui répétera et reproduira partout les mêmes types, les mêmes modèles uniformes. Ce sera, suivant encore une expression de Courajod, un art de fonctionnaires, destiné à un milieu social restreint. Il ne pénétrera guère dans le peuple et ne laissera plus apparaître qu'exceptionnellement l'inspiration indigène.

A cette époque, somme toute, notre région n'aura pas d'art spécial. Cénomans et Diablintes se contenteront de s'assimiler l'art romain, avec les modifications imposées par le climat.

Il n'en est pas moins intéressant de rechercher sous quelles formes cet art romain imprégna notre territoire et comment il développa dans l'élite de la population un sens artistique beaucoup plus général qu'auparavant.

Passons d'abord rapidement en revue les œuvres de l'architecture.

C'est à Jublains, à l'heure actuelle, qu'on en retrouve les vestiges les plus importants.

Sans aucun doute vous connaissez tous, de réputation au moins, le célèbre *castrum* de Jublains. Le réduit central, qui date des premiers siècles, nous offre le plus ancien spécimen de construction romaine dans notre région.

C'est un bâtiment rectangulaire, de 30 mètres sur 20, flanqué de quatre pavillons aux angles. Les murs de 2 mètres d'épaisseur ont leur parement extérieur en grand appareil, c'est-à-dire en gros blocs de granit posés à sec, sans mortier, comme dans les monuments du temps de la République ; le parement intérieur est en petit appareil, c'est-à-dire en petites pierres cubiques, disposées par rangs

très réguliers et soigneusement jointoyées, sans chaînes de
briques. Au centre et à ciel ouvert, se trouve l'*impluvium*

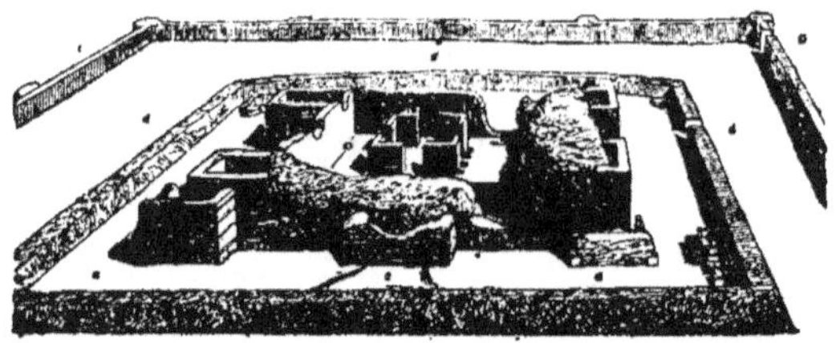

CASTRUM DE JUBLAINS

CASTRUM DE JUBLAINS

(Dessin de M. l'abbé Lécureuil.)

commun à toutes les habitations romaines, entouré d'un
atrium.

Les bâtiments d'angles semblent avoir servi de magasins
de vivres.

Jusqu'ici, le *castrum* de Jublains est généralement considéré comme un curieux spécimen de construction militaire d'*État*, comme un poste d'occupation militaire. Récemment, M. Camille Jullian a été amené à se demander s'il ne serait pas plus exact de voir dans le bâtiment central le plus ancien un édifice civil et même d'origine *privée*, telle que l'habitation d'un chef ou personnage important, qui n'eut été fortifié que postérieurement? L'aperçu très ingénieux nous semble digne d'une sérieuse attention et nous remercions tout particulièrement M. Camille Jullian d'avoir bien voulu nous le signaler.

A Jublains aussi, nous avons dans les ruines du *Temple de la Fortune* un type caractéristique de grand édifice religieux. On a pu encore y reconnaître nettement les substructions de la *Cella* ou sanctuaire, et des colonnes du péristyle qui l'entourait, conformément au plan classique. Bien mieux, on a retrouvé la base et le chapiteau d'une de ces colonnes ; les profils, d'ordre dorique, impliquent d'imposantes dimensions. D'autres fragments de chapiteaux, d'ordre corinthien ou composite, prouvent que les architectes de Jublains savaient employer simultanément les différents ordres.

Ajoutons que plusieurs de ces chapiteaux, bien dessinés et bien fouillés. révèlent un art réel d'ornementation et que l'un d'eux présente une particularité digne d'attention : audessus d'une rangée circulaire de feuilles sculptées se dessine sur chaque face, en guise de volute, une tête humaine. Or, s'il faut en croire certains critiques d'art, ce mélange de feuillages et de figures humaines, que l'on retrouve sur l'un des plus beaux chapiteaux romans de la nef de notre cathédrale, serait d'inspiration gauloise et révèlerait une trace, alors très rare, d'influence indigène.

Je n'insiste pas, Messieurs, sur les autres monuments de Jublains, plus intéressants pour l'archéologie que pour l'art, et je me borne à vous dire que les Diablintes possédaient encore un théâtre de construction relativement modeste, bâti suivant l'usage sur plan semi-circulaire au penchant d'une colline.

CORNICHE D'ÉDIFICE GALLO-ROMAIN DU MANS
(Dessin de M. Bouet.)

CHAPITEAUX GALLO-ROMAINS DU MANS

Des grands édifices du Mans des premiers siècles, aucun malheureusement n'a subsisté jusqu'à nos jours. Ils ont été détruits à l'époque désastreuse des premières invasions et leurs débris ont servi à établir les fondations de l'enceinte du IIIe siècle, dont je vous parlerai plus loin. Leur existence n'en est pas moins certaine. Nous en avons une preuve indéniable dans un fragment d'entablement dégagé de ces fondations en 1836 et aujourd'hui conservé à l'entrée du Musée archéologique. De 1 mètre 10 de longueur, ce fragment, en grès vert du pays, est d'une ornementation sobre et d'excellent style ; les profils nettement incisés dans la pierre s'en détachent sans effort ; l'ensemble suppose un édifice de vastes dimensions et probablement d'ordre corinthien.

Le même Musée archéologique possède un autre fragment de frise d'un grand édifice du IIe siècle, trouvé à Allonnes où la mystérieuse Tour aux Fées pourrait nous offrir, comme le pense M. Camille Jullian, les ruines d'un mausolée de personnage important.

Seul de tous les monuments gallo-romains du Mans, l'amphithéâtre a laissé des souvenirs assez précis pour qu'on puisse le reconstituer sûrement. Il était situé sur l'emplacement actuel de l'allée supérieure de la promenade des Jacobins, du côté de la rue du Cirque, et ses derniers vestiges ont été retrouvés au mois de février 1792, au moment de l'établissement de cette allée. L'arène, de forme circulaire et d'environ 80 mètres de diamètre, était entourée de quatre ceintures de murailles, coupées par des murs de refend qui soutenaient des galeries voûtées. 7.000 spectateurs pouvaient prendre place sur les gradins.

A ces quelques exemples d'architecture, il serait facile d'en joindre beaucoup d'autres : les temples de la Frétinière et d'Oisseau, le théâtre de Chéray, à Aubigné, les *balneum* de Sceaux-sur-Huisne et du Rubricaire, à Sainte-Gemmes-le-Robert, d'Allonnes, de Roullé, à Mont-Saint-Jean, pour ne citer que les principaux. Je me hâte de renvoyer ceux d'entre vous qui désireraient connaître les dispositions générales d'un de ces établissements de bains, si ingénieusement compris, à l'excellent plan en relief des ruines d'Allonnes, exposé au Musée archéologique, et je passe sans plus de retard aux arts décoratifs qui, je l'espère, vous intéresseront davantage.

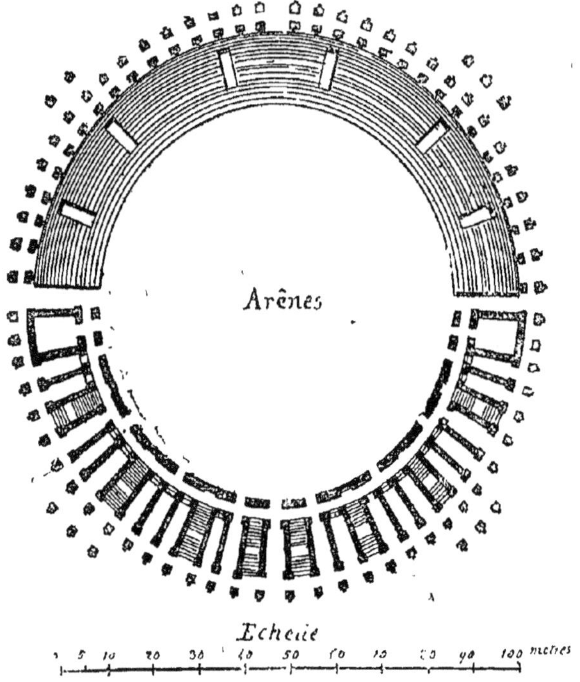

PLAN DE L'AMPHITHÉATRE DU MANS

(*Atlas Daudin*, Bibl. du Mans.)

Non seulement l'art décoratif apporte leur complément logique aux œuvres de l'architecture, mais il est, dans notre contrée, l'expression la plus commune et peut-être la plus caractéristique des premiers efforts artistiques.

A l'intérieur, en effet, tous les édifices gallo-romains sont décorés de revêtements en marbre ou en stuc, de peintures murales, de mosaïques.

LXXVI. 3

Des revêtements en marbre qui dessinaient sur la surface des murs de brillantes marqueteries, nous n'avons recueilli que des débris, mais ces débris, très nombreux, proviennent des espèces de marbres les plus différentes, parfois très lointaines, marbres verts et blancs des Pyrénées, marbres de Belgique et même d'Italie. Taillés avec soin, ils

MASQUE EN TERRE CUITE TROUVÉ AU MANS

(*Atlas Daudin*, cliché communiqué, ainsi que les nos 18, 19, 21, 22 et 23,
par la Société des Archives du Maine.)

formaient tantôt des cimaises, tantôt des placages de dessins variés, palmes, cœurs, losanges, feuilles ornementales.

Dans les habitations moins riches, le marbre était remplacé par des masques en applique, et des ornements moulés, en stuc ou en terre cuite. Deux bons spécimens de ces masques en terre cuite ont été trouvés en 1809 dans les fouilles du pont Napoléon. Des têtes ou des palmettes également en terre cuite tenaient lieu de ce qu'on appelle des antéfixes, formant une ligne décorative au-dessus des corniches d'entablement.

Plus fréquentes encore que les placages de marbre ou de terre cuite, des fresques ou des peintures sur enduits contribuaient à la décoration des murs intérieurs. Des traces en ont été relevées à Allonnes, à Duneau, à Jublains, au Mans ; dans les balneum de Roullé, de Planchettes, de Sceaux ; à Neuvy, à Tennie, à Oisseau, à Vaulorte, etc. Au temple de Jublains, les peintures, appliquées sur une très mince couche d'un enduit spécial, étaient de six ou sept couleurs différentes ; au balneum de Sceaux et à Oisseau, elles présentaient tantôt des filets coloriés en vert, en ocre rouge ou jaune, tantôt des bandes bleues, rouges et jaunes.

Cependant, il faut reconnaître que la peinture murale de cette première époque ne nous a laissé ni sujets de chasse, ni représentations mythologiques, tout au plus quelques fragments de style pompéien, quelques fleurs ou quelques feuillages. A Jublains même, cette branche de l'art décoratif révèle la production ordinaire d'ouvriers habiles plutôt que d'artistes distingués. On peut, croyons-nous, expliquer cette simplicité relative de la peinture dans notre pays par les intempéries du climat.

En revanche, les mosaïques y étaient nombreuses et leurs compositions parfois très artistiques. Nous en connaissons des exemples à Jublains, à Roullé, à Allonnes, la Chapelle-Saint-Aubin, Contres, Mansigné, Oisseau, Planchettes, Sargé-sur-Braye, etc.

Deux spécimens surtout sont d'un haut intérêt, les mosaïques découvertes à Jublains en 1776, et à Roullé, près de Mont-Saint-Jean, en 1844.

La mosaïque de Jublains, de 7^m 50 sur 5^m 33, était composée de petites pierres ou morceaux de terre cuite jaunes, noirs et rouges, incrustés dans un ciment blanc, qui dessinaient une série de carrés ornés de rosaces, de fleurons ou d'animaux. Au centre, dans un médaillon circulaire, se voyait un aigle éployé. Tout autour se déroulaient plusieurs bordures de largeur différente. Un fragment existe encore au musée de Laval, un autre, au Mans, rue des Chanoines, n° 25, chez M. Mars. L'ensemble n'est plus connu que par un dessin.

MOSAIQUE DE JUBLAINS

(D'après une photographie de M. Barbe.)

MOSAÏQUE DE ROULLÉ

(Dessin de M. E. Hucher.)

La mosaïque de Roullé n'est plus connue, elle aussi, que par un bon dessin d'Eugène Hucher, qui a pu, du moins, la voir avant sa destruction et l'étudier en détail. Semicirculaire à l'une de ses extrémités, elle avait environ 5 mètres de longueur sur 4 de largeur. La partie semicirculaire présentait une riche archivolte composée de fleurons et de rinceaux alternés et un tympan chargé d'une grande coquille au-dessous de laquelle nageaient sur des flots bleuâtres deux dauphins d'un fort bon style. Dans la partie rectangulaire, les fleurons de la bordure affectaient la forme de palmettes, et le centre était garni d'un carrelage à six pans formé de petits cubes jaunâtres cernés d'autres cubes noirs ou bruns.

Les mosaïques s'adaptant généralement à l'usage des salles qu'elles décoraient, celle de Roullé, avec sa coquille accostée de deux dauphins, devait appartenir à une salle de bains, comme la belle mosaïque de Neptune, à Vilbel, près de Francfort-sur-le-Mein. Il est tout probable, d'ailleurs, qu'elle était due à des artistes ambulants, car, les artistes de l'empire romain voyageaient beaucoup et se transportaient avec empressement partout où il y avait quelque travail à exécuter. En tout cas, elle témoigne que certains de ces artistes avaient pénétré jusqu'au fond de la forêt actuelle de Sillé, alors que les cendres et les cinquante squelettes trouvés dans la même salle indiquent clairement que l'établissement fut détruit de manière violente à l'époque des invasions.

Par comparaison avec ces riches décorations, la sculpture proprement dite nous offre des œuvres fort peu nombreuses. Si son origine antique était bien établie, la plus remarquable, au double point de vue de l'inspiration et de l'exécution artistiques, serait une statuette en marbre blanc, de 0ᵐ 40ᶜ de hauteur, trouvée à Allonnes, dans les ruines de la Tour aux Fées. Elle représente une femme assise, la tête levée vers le ciel, les traits contractés par la douleur, la main sur le cœur. Un auteur récent a cru y voir le souvenir d'une légende locale ; d'autres pensent avec plus de raison, semble-t-il, que c'est une statue de *Niobe*.

Comme vous vous le rappelez peut-être, Messieurs, Niobé, fille d'un roi de Thèbes, mère de sept fils et de sept filles, s'étant moquée de Latone qui n'avait que deux enfants, celle-ci, pour se venger, fit tuer à coups de flèche, par Apollon et par Diane, les sept fils et les sept filles de Niobé. Sous l'excès de la douleur, la malheureuse mère fut transformée en pierre. Or, notre statuette traduit d'une manière bien expressive la douleur d'une mère. C'est une belle œuvre de sculpture, aujourd'hui au musée de la Préfecture, n° 475 ; faute d'indication de provenance, elle n'y attire pas, autant qu'elle le mérite, l'attention des visiteurs (1).

Comme spécimens de la sculpture sur pierre, je vous citerai maintenant, dans un médaillon rond, un beau buste lauré d'empereur romain, découvert à Jublains en 1776, qui était encore, il y a quelques années, au musée de la Préfecture du Mans (2), et une vigoureuse tête d'homme, empreinte tout à la fois de gravité et de douceur, sculptée

(1) Bien qu'elle ait été trouvée dans les ruines d'Allonnes et que M. Ledru l'ait comprise, récemment encore, dans son *Répertoire des objets anciens*, la *Niobé* du Musée du Mans suscite des doutes de la part de plusieurs artistes qui ne croient pas y reconnaître un caractère réellement antique. Nous devons dès lors réserver notre appréciation définitive, si difficile qu'il nous paraisse d'expliquer comment, quand et pourquoi cette statue eut été apportée postérieurement à Allonnes ?

(2) Ce buste, que nous sommes parvenu à retrouver enfin au Musée de la Préfecture depuis notre conférence et qui est dès maintenant transporté au Musée archéologique, a donné lieu à des réserves analogues à celles de la *Niobé*. Il porte cependant expressément gravée au dos de la pierre, la mention « Trouvée en 1776 dans la paroisse de Jublains » et il provient effectivement des ruines du temple, d'après M. Rebourcier, neveu de M. Barbe.

entre deux autres personnages mutilés, sur un bloc de pierre qui a dû servir à la décoration d'un édifice de ce même Jublains (1).

BUSTE D'EMPEREUR ROMAIN TROUVÉ A JUBLAINS

(Musée arch. du Mans.)

Mais, ces œuvres sont toujours d'importation ou d'inspiration romaine. Aussi, leur intérêt est-il de beaucoup surpassé, au point de vue local, par une autre statuette en pierre calcaire, d'environ 0^m 50 de hauteur, découverte encore dans les ruines du balneum de Roullé, en 1874.

Cette statuette, dont les jambes sont malheureusement

(1) Cette sculpture est restée à Jublains où on peut la voir aujourd'hui encore.

STATUETTE DE NIOBÉ, TROUVÉE A ALLONNES AVANT 1829
Marbre blanc, hauteur 0,41.

(Cliché extrait du *Répertoire des objets anciens de la Sarthe et de la Mayenne*, par A. Ledru, et communiqué par la Société des Archives du Maine.)

STATUETTE DE GAULOIS TROUVÉE A ROULLÉ

Pierre, hauteur 0.58.

brisées, représente un homme barbu, vêtu d'une tunique et d'un manteau à capuchon, coiffé d'une sorte de calotte qui laisse entrevoir, au sommet de la tête, deux protubérances indiquant des cornes naissantes. Dans la main droite il tient un arc, dans la main gauche une serpe.

Les uns, avec M. Hucher et le commandant Espérandieu, voient dans le personnage un dieu gaulois champêtre, les

TÊTE D'HOMME TROUVÉE A JUBLAINS

(*Album Barbe.*)

autres un simple gaulois en costume de chasse, les autres, enfin, avec M. Adolphe Reinach, un vieil archer gaulois. Dieu ou simple mortel, il a eu l'honneur d'être recueilli au Musée de Saint-Germain.

L'œuvre, assurément, est peu esthétique et d'un caractère fort primitif, mais elle est bien curieuse, car elle représente incontestablement un gaulois, un habitant de la forêt de Sillé ; bien gaulois par son type, par son costume, par ses attributs. Sans les cornes, nous pourrions saluer en ce bonhomme sarthois, vieux de 1600 ans, le portrait d'un ancêtre . . . . . un peu rustre.

Très rare au milieu de l'invasion artistique romaine, un caractère indigène aussi accentué donne à la statuette de Roullé un intérêt exceptionnel.

Il y a vingt siècles comme aujourd'hui, Messieurs, c'était sans doute dans l'architecture, la peinture et la sculpture que l'art trouvait ses principaux modes d'expression. Il en trouvait de plus modestes et de bien intéressants aussi dans les mille objets mobiliers de la vie intime, dans ce que nous appelons les bibelots d'art, dans les bijoux, dans la céramique.

Nous ne pouvons négliger ces objets si nous voulons avoir un aperçu quelque peu complet des origines de l'art dans notre pays.

Parmi les objets mobiliers et les bibelots qui ornaient ou qui garnissaient les maisons de nos premiers amateurs d'art, une place d'honneur revient sans conteste aux bronzes, statuettes de divinités ou d'animaux. Beaucoup avaient un caractère religieux et ornaient des laraires domestiques ; la plupart étaient considérées comme des objets précieux et cachées, en cas d'alerte, avec les trésors monétaires.

Les plus anciens bronzes d'origine locale que je puisse vous présenter sont trois petites idoles, en forme de Thermes, trouvées avec deux petits bœufs, à Thorigné-en-Charnie, par une institutrice allemande, Mlle de Boxberg, qui en a fait don au musée de Dresde. Elles sont encore d'une facture si grossière qu'elles ne peuvent guère être considérées comme des œuvres d'art, mais, seules dans leur genre, elles pourraient bien être plus gauloises que romaines.

Très supérieures au point de vue artistique sont les statuettes de divinités païennes, les Mercure, les Vénus, les Mars, les Jupiter, et les figurines d'animaux, coqs, griffons, aigles, dauphins, sangliers, qui constituent la riche collection de bronzes anciens de notre musée archéologique (1). Quelques-unes sont d'un excellent travail et d'une

(1) Dans cette collection d'animaux gallo-romains en bronze, la première place appartient désormais au « célèbre » *rhinocéros*, que M. Camille Jullian nous a fait retrouver, le matin même de sa conférence du 15 décembre, sous le numéro **734** du Catalogue où il était inscrit comme sanglier. Ce petit bronze est, paraît-il, fort rare et seul, le Musée de Saint-Germain posséderait un autre rhinocéros gallo-romain ! Nous lui avons consacré dans le premier numéro de cette Revue (janvier 1914) une note spéciale que M. Camille Jullian a bien voulu présenter à l'Académie des Inscriptions et Belles-Lettres.

belle conservation ; je ne puis que vous engager à aller les étudier vous-mêmes, puis à compléter votre exploration en jetant un coup d'œil au musée de la Préfecture, sur une petite statuette de soldat gallo-romain trouvée en 1809 dans les fouilles du pont Napoléon, qui pourrait bien représenter

TIMON DE CHAR OU PORTE-GUIDES GALLO-ROMAIN

(Musée arch. du Mans, dessin de M. P. Verdier)

l'un des lètes-suèves dont la cohorte tint garnison au Mans, au IV⁰ siècle. ·

Incidemment, laissez-moi vous signaler aussi au Musée archéologique, sous le n⁰ 731, un curieux timon de char, ou mieux, un *porte-guides* en bronze, terminé par une tête de femme, et accompagné de deux crochets décorés chacun d'une tête de cheval. Après avoir figuré en bonne place à la dernière exposition universelle, il a fait l'objet d'un savant article de M. Héron de Villefosse, membre de l'Institut, qui considère cette pièce comme très remarquable et si rare que tous les musées du monde réunis en comptent seulement une vingtaine du même genre.

En dehors du Mans on a retrouvé : à Jublains, un pied humain en bronze, d'un travail fort soigné, qui semble provenir d'une assez grande statue, et un superbe vase aussi en bronze, aujourd'hui au musée de Saint-Germain, sur lequel est ciselée, avec incrustations en argent, une chasse aux bêtes féroces ; à Villaines-la-Carelle, un fragment de statuette équestre, dont le cavalier porte une chlamyde

VASE TROUVÉ A JUBLAINS

(Chabrun, *Le Trésor de Jublains*, 1905.)

élégamment drapée, et rejette le buste en arrière comme l'empereur Marc-Aurèle dans sa statue de Rome.

La plupart de ces bronzes ont dû être importés de Rome ou d'Alexandrie ; les dix-huit siècles qu'ils ont passés dans notre sol les font bien nôtres aujourd'hui, en témoignant une fois de plus combien ceux qui les y ont enfouis s'étaient assimilés les mœurs, la religion et les arts de l'Italie. Détail pittoresque : beaucoup de figurines d'animaux tenaient lieu d'amulettes, et nous donnent à penser, qu'à défaut des petits cochons civilisés d'aujourd'hui, nos ancêtres avaient alors pour porte bonheur, de petits sangliers, des éléphants, des dauphins et même des rats !

Certaines modes, il est vrai, sont de tous les siècles et nous en avons une preuve frappante dans les bijoux.

Permettez-moi, Mesdames, de vous dédier tout spécialement les quelques mots que je vais leur consacrer.

Sans aucun doute, il serait piquant de vous faire assister à la toilette complète d'une élégante de ces temps lointains, mais ce serait trop indiscret. Bien que la plupart fussent de très belles femmes, je ne veux pas m'exposer au danger d'avoir à vous dire, même exceptionnellement, qu'au réveil, l'une d'elles, comme la vieille matrone de Dezobry, aurait pu être prise « pour un singe ou pour un babouin » ; encore moins, je m'exposerai à l'inconvenance de vous révéler les artifices très compliqués par lesquels on la transformait en jolie femme !

J'attendrai honnêtement que la dame soit sortie de ses appartements et je n'examinerai que sa parure destinée, d'ailleurs, à attirer nos regards.

Un coup d'œil, pour commencer, sur la coiffure. Elle est gracieuse et de bon goût. Vous pouvez vous en convaincre en allant voir, au Musée archéologique (n° 109), une charmante petite perruque en bronze, de l'époque d'Alexandre Sevère, qui a dû compléter une statuette de femme et qui a été trouvée dans la Sarthe même, à Saint-Ouen-en-Belin, près de la route de Pontvallain. Les cheveux sont ondulés et séparés par une raie de milieu irréprochable. Dans la réalité, on les retenait au besoin avec des épingles en os ou en ivoire, dont les fouilles de Jublains et d'Oisseau nous ont fourni divers modèles.

Si riche qu'elle soit, notre gallo-romaine ne peut prétendre aux fameux pendants de perles d'Orient que les patriciennes n'hésitaient pas à payer le prix de plusieurs terres, mais elle porte aux oreilles des anneaux d'or ou de bronze, selon ses ressources. Les boucles d'oreilles sont de rigueur pour la mode romaine. Quelquefois, elles prennent la forme allongée de fibules, et, suivant un système que vous-mêmes connaissez, Mesdames, leur pointe s'enchâsse, avec un léger effort, dans un petit crochet de sûreté. Lors des fouilles du pont Napoléon, l'ingénieur Daudin a trouvé des boucles d'oreilles absolument semblables à celles qu'on portait à la veille de la Révolution et qu'on reportera probablement dans quelques années (1).

Le cou est orné d'un collier ou d'un médaillon-pendeloque. Le plus beau de ces médaillons a été ramassé à Jublains. Il est en bronze argenté et représente une tête de bacchante couronnée de pampres.

CAMÉE TROUVÉ A JUBLAINS

(*Album Barbe.*)

Les bras sont surchargés de bracelets, le plus souvent en bronze, ronds ou en spirale ; l'un d'eux, trouvé à Sarcé, est elliptique et décoré de dessins assez fins.

Aux doigts, des anneaux d'or ou de bronze ; des bagues à chatons de corail ou de verre de couleur. Le théâtre de Jublains nous a fourni un chaton exceptionnel, une pierre gravée avec l'image d'un moissonneur vêtu de la tunique gauloise.

A ces principaux bijoux s'ajoutent des agrafes, des boucles de ceinture et d'innombrables fibules ou épingles de sûreté, souvent à têtes d'oiseaux ou d'animaux. On a même trouvé à Jublains deux boutons de manches en bronze, réunis comme les nôtres par une chaînette et portant, gravées en creux, deux tourterelles.

---

(1) L'usage des boucles d'oreilles était si général à l'époque romaine que les statues mêmes avaient les oreilles percées comme nous le montre au Musée du Mans, le buste de l'impératrice Faustine.

L'énumération des multiples objets de toilette féminine que conservent à eux seuls nos deux musées du Mans serait fastidieuse. Je ne puis cependant me dispenser de vous y signaler encore des pinces épilatoires, des palettes à parfums, en cuivre ou en ivoire, des miroirs à main ou patères en bronze, des styles dorés et de petits couteaux de poche, dont le manche, en ivoire ou en cuivre, est orné d'une tête de levrette ou d'une tête de vipère.

Tous ces objets de toilette, vous les connaissez mieux que moi, Mesdames, et vous les employez toujours.

Par contre, l'écrin d'une mancelle des premiers siècles comprend, en plus, de minuscules instruments, dorés et sculptés avec un soin particulier, assurément de nature à vous intriguer : ce sont, s'il faut en croire l'ingénieur Daudin, des instruments lacrymatoires pour recueillir les larmes versées aux funérailles. Cette fois, vous ne les possédez pas, Mesdames, ces jolis petits instruments, et je vous en félicite. Dans la société chrétienne, ce sont les anges de Dieu qui recueillent pieusement au pied des croix de nos cimetières, les larmes de nos mères, de nos femmes et de nos filles.

J'en aurais fini avec les bijoux si je n'avais encore à vous mettre en garde contre une déception. La plupart de ceux que conservent aujourd'hui nos musées sont d'une apparence généralement si pauvre, qu'elle semble en contradiction avec ce caractère artistique que je viens de leur attribuer ; tous, pour ainsi dire, sont en bronze ou en cuivre. La rareté des bijoux en or s'explique, croyons-nous, par ce fait qu'ils ont été très soigneusement recherchés et volés dans notre contrée, au moment des invasions, puis emportés ou fondus par les barbares.

L'abondance relative de figurines en terre cuite et de poteries qu'il me reste à vous présenter et qui forcément tentèrent moins les barbares, me paraît justifier l'hypothèse.

Sous deux formes distinctes, les œuvres de la céramique gallo-romaine sont parvenues très nombreuses jusqu'à nous.

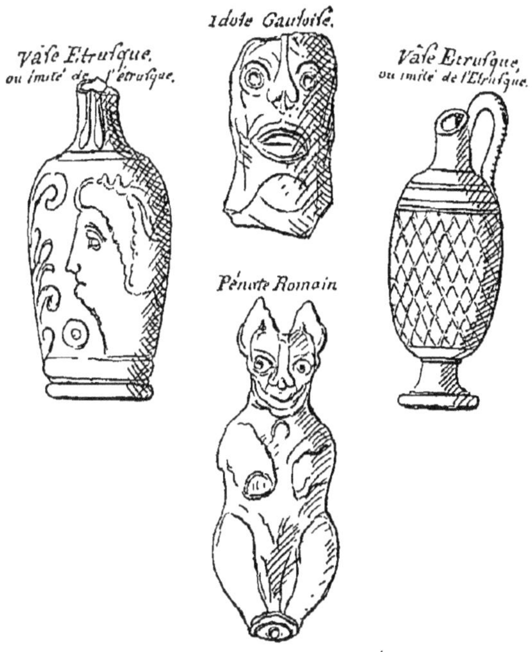

FIGURINES GALLO-ROMAINES TROUVÉES AU MANS

(*Atlas Daudin.*)

Ce sont, d'abord, des figurines de divinités païennes ou d'animaux, en terre cuite ordinairement blanche, qui remplaçaient les bronzes dans les habitations des classes peu fortunées. Le musée de Mayenne, à lui seul, possède une quarantaine de Vénus et huit déesses-mères provenant de Jublains et des environs. Au Mans, plusieurs fragments de Vénus, une poule, un bélier, et même un chat à tête humaine, ont été exhumés des fondations du pont Napoléon, avec une petite figure de femme coiffée en éventail, les cheveux tirés vers le sommet de la tête et formant une sorte de bourrelet assez original. Au musée archéologique, nous avons un petit buste de dieu *Risus*, en terre blanche, provenant d'Allonnes, dont la face joufflue, animée d'un large rire, est tout-à-fait amusante. Récemment encore, notre

DIEU RISUS

(Musée arch. du Mans.)

excellent confrère et ami, M. Lécureux, nous montrait un petit chien, au poil frisé, bien campé sur son arrière-train, qui vient d'être trouvé dans le département et pourrait bien avoir servi de jouet d'enfant.

La plupart de ces figurines en terre cuite, cependant, étaient des objets de dévotion, des statuettes de divinités introduites par le paganisme romain dans les familles gauloises. Nous en avons, pour notre région, un exemple curieux dans la découverte, aux abords du temple de Jublains, d'une boutique de marchand contenant cinquante exemplaires de *Vénus anadyomène* ou Vénus marine, et dix exemplaires de *Lucine* ou de *Latone*, déesses-mères allaitant deux enfants.

En général, ces figurines sont d'un blanc mat, tirant sur

le gris ; quelques-unes étaient recouvertes d'une couche à base métallique ; tantôt elles étaient moulées sur des bronzes, tantôt sur des modèles pleins, en argile. Leur fabrication commença sous les premiers empereurs et paraît avoir eu un centre spécial dans l'ouest de la Gaule ; elle s'inspira certainement de modèles pompéiens, peut-être même de types grecs ou orientaux.

Après avoir servi au culte des vivants, beaucoup de ces statuettes étaient enfermées dans la demeure des morts et placées dans les sépultures, comme souvenirs ou talismans contre les mauvais génies.

Quant aux poteries, nos musées en possèdent une si grande quantité de fragments qu'il me faut me restreindre à quelques généralités. Le Musée de la Préfecture, par exemple, a recueilli en partie les morceaux trouvés dans les fouilles du pont Napoléon, au nombre d'environ 2.000 ! Le musée archéologique, de superbes spécimens provenant aussi du Mans ou des collections Desjobert et Hucher. Récemment, dans les puits funéraires qu'il a eu l'heureuse fortune de découvrir aux alentours du Cogner et du boulevard de la République, M. Julien Chappée a mis au jour de nouvelles pièces qu'il nous fera connaître prochainement.

Tenter devant vous, Messieurs, un examen tant soit peu complet de ces innombrables poteries, ce serait jouer au naturel le rôle de l'Antiquaire de la *Grammaire* et vous mettre en fuite sous une avalanche de pots cassés. Dieu m'en garde !

Vous me pardonnerez donc de vous dire seulement que la poterie rouge vernissée — qui nous a laissé les plus nombreux spécimens — pénétra, elle aussi, en Gaule, avec la domination romaine, qu'elle s'inspira des modèles italiens d'Arezzo ou de Pompéi, et se rattache intimement à l'art romain du I⁰ʳ siècle, formé à Rome sous l'influence des œuvres grecques.

Cela vous expliquera, d'un mot, les ravissants dessins et

les scènes que vous pouvez admirer sur les poteries de nos
deux musées du Mans. Vous y verrez notamment des
chasses aux bêtes féroces, des combats d'hommes et d'ani-

PAN, HERCULE ET DIANE

DIANE

(Poteries du Musée arch. du Mans, dessins de M. E. Hucher.)

maux, des bacchantes, des satyres, tout le ban et l'arrière-
ban des divinités païennes : Apollon, Diane, Mercure,
Hercule, Vénus, avec des ornements pompéïens d'une
grande délicatesse. Je vous recommande particulièrement
au musée archéologique, sous le n° 190, une figure de
Diane, les cheveux relevés sur la tête et vêtue de la *stola*,
tenant d'une main un faon de biche, de l'autre un arc.

Ce joli fragment, du moins, peut être contemplé par tous. Certes, il n'en est pas de même de beaucoup d'autres, sur lesquels se déroulent d'une manière trop apparente les turpitudes des mœurs païennes.

Sur ce, après vous avoir dit qu'il dût exister au Mans même une fabrique de ces poteries artistiques, je m'arrête, en vous renvoyant pour des appréciations plus détaillées, pour l'étude des formes et des signatures de potiers, aux savants travaux de Daudin et d'Hucher.

Il me semble, en effet, que ma tâche est remplie ; que vous-mêmes, Messieurs, pouvez désormais tirer facilement les conclusions de cette trop longue causerie.

Ces conclusions, dégagées des preuves qu'il était indispensable de vous donner à l'appui, peuvent se résumer en deux points :

1° Dès l'époque de l'indépendance gauloise, bien avant la conquête romaine, nos aïeux directs, les Aulerques, Cénomans et Diablintes, possédèrent quelques notions d'art indigène et même quelques artistes dont l'initiative se révèle sur les monnaies.

2° Sous la domination romaine, du Ier au IIIe siècle, on ne retrouve plus que rarement trace des influences indigènes. Notre région n'a pas d'art spécial, mais elle est profondément pénétrée par l'art romain, qui déjà fait naître un sentiment artistique très intense dans les classes élevées de la société, forme leur goût et prépare pour l'avenir l'essor d'un art vraiment national.

A défaut de tant d'autres œuvres détruites par les invasions barbares, cette première époque de vie artistique nous a laissé au moins, au Mans, un souvenir des jours néfastes de son agonie, une construction qu'on peut considérer comme le suprême effort de son architecture, l'enceinte murale de la fin du IIIe siècle.

Beaucoup d'entre vous, je l'espère, Messieurs, la connaissent et l'apprécient, cette enceinte gallo-romaine du Mans, cotée dans le monde archéologique comme une curiosité de premier ordre. Mais beaucoup aussi, je le crains, et même bon nombre d'habitants du Mans en soupçonnent trop vaguement l'intérêt, faute d'avoir pu la découvrir au fond des cours et des misérables masures qui la masquent depuis le moyen-âge.

Permettez-moi, en terminant, de vous en dire quelques mots ; bien qu'elle relève plus de l'archéologie que de l'art, son aspect si pittoresque ne peut laisser indifférents des amis des arts.

Bâtie autour de la colline que couronnait l'oppidum gaulois primitif, l'enceinte gallo-romaine du Mans affecte la forme d'un rectangle de 500 mètres de longueur sur 200 mètres de largeur. Son périmètre total est de 1400 mètres. Inférieur à celui de Poitiers et de Chartres, il surpassait celui d'Angers, Tours, Rennes et Orléans, assignant à la ville du Mans le 22ᵉ rang en importance sur les quarante-trois villes principales des Gaules.

Le grand côté, parallèle à la Sarthe, est le mieux conservé. De la rue de Gourdaine à la place Saint-Benoît, le mur n'est détruit que dans la trouée du tunnel.

En guise de fondations, il repose sur les débris des grands édifices des premiers siècles, sacrifiés à la peur des barbares et aux nécessités de la défense. Au lieu des blocs majestueux des premiers temps de l'occupation romaine, le parement extérieur n'offre plus qu'un modeste appareil de petites pierres cubiques et de chaînes de briques, reliées par le merveilleux ciment dont les bâtisseurs romains ont gardé le secret. Toute idée de décoration n'est cependant pas exclue. Sur certains points, on constate des ébauches de dessins, des espèces de mosaïques, formées par la combinaison de pierres blanches et de pierres de roussard. Le couronnement a malheureusement disparu tout entier.

De distance en distance, la muraille est flanquée de tours hémisphériques, d'environ dix mètres de diamètre. Cinq

de ces tours demeurent debout du côté de la rivière. Celle
du tunnel, la première, vient d'être complètement dégagée.
Bien qu'elle soit la moins intéressante, bien que son parement surtout ait beaucoup souffert, elle n'est déjà pas sans
produire quelque effet, et on doit certainement savoir gré
à la municipalité du Mans de ce premier travail.

MOSAÏQUES DES TOURS GALLO-ROMAINES DU MANS

Mais, Messieurs, que serait-ce si on dégageait les quatre
autres tours, la tour *Magdeleine*, la tour de *Tucé*, la tour
Saint-Hilaire et la tour du *Vivier*, demeurées pour ainsi
dire intactes dans toute leur hauteur !

La tour *Magdeleine* en particulier est un précieux spécimen d'architecture militaire, pour ce motif qu'elle a
conservé les cintres des ouvertures qui battaient le fossé,
en d'autres termes, les embrasures primitives des machines
de guerre. Aussi bien, peut-être, que certaines tours de
Carcassonne, elle donne l'idée de ce qu'était la fortification
aux III° et IV° siècles.

Or, pour dégager cette belle tour *Magdeleine*, pour la
réunir à la place de l'Hôpital qui en ferait valoir toute l'élé-

vation, il suffirait d'abattre quatre petites maisons de la rue de Gourdaine !

Depuis bien longtemps déjà, de l'avis de tous les hommes compétents et d'étrangers éminents, le dégagement de l'en-

TOUR MAGDELEINE

ceinte gallo-romaine du Mans, du côté de la Sarthe, s'impose non seulement au point de vue scientifique, mais au point de vue même des intérêts économiques de la ville qui aurait grand avantage à offrir ainsi aux touristes intelligents — de plus en plus nombreux aujourd'hui — une attraction sensationnelle qu'aucune autre ville de l'Ouest ne posséderait.

Pour ma part, je me suis fait l'apôtre ardent, convaincu, de ce dégagement. Je l'ai étudié sous ses différents aspects, m'efforçant de concilier les considérations archéologiques, administratives et financières. Le projet, très pratique, de dégagement partiel, par échelons successifs, dont j'ai tracé les grandes lignes sur mon plan de l'Exposition de 1911, a reçu, dès maintenant les plus encourageantes approbations. Des membres de l'Académie de Belgique et de l'Institut royal de Londres se sont même joints à des membres de l'Institut de France pour souhaiter hautement la réalisation de ce projet, qui est bien moins une œuvre personnelle que l'expression des vœux de toute une génération d'archéologues et d'artistes (1).

En guise de péroraison, laissez-moi vous demander instamment, Mesdames, Messieurs, à vous qui représentez l'élite de l'opinion locale, de vouloir bien le soutenir de toute votre sympathie, de toute votre influence ; l'idée très réalisable, lorsqu'on voudra bien la comprendre, ferait un incontestable honneur à notre époque en donnant à notre cité un nouvel et original attrait.

Laissez-moi aussi vous demander de joindre vos efforts aux miens pour obtenir le plus tôt possible un groupement plus logique des collections d'antiquités de la ville du Mans jusqu'ici partagées au hasard des circonstances entre les deux musées (2).

Vous contribuerez ainsi à faire mettre davantage en valeur les intéressants souvenirs des origines de l'art dans notre région, et vous compenserez l'ennui que j'ai pu vous

(1) Depuis que ces lignes ont été écrites, et au cours même de la guerre, nous avons eu la vive satisfaction de voir la Municipalité du Mans profiter d'occasions favorables pour acquérir quatre des maisons indiquées sur notre plan de dégagement et dont la démolition permettra au moins d'admirer les belles tours de Saint-Hilaire et de Tucé.

(2) Ce vœu est dès maintenant en voie de réalisation grâce aux heureuses décisions prises en 1913 par la Municipalité, sous l'initiative de M. Legué, alors maire du Mans, pour la réorganisation des divers musées. Cette réorganisation entraîne le transfert au Musée archeologique de la plupart des objets gallo-romains, cités dans cette conference comme étant au Musée de la Prefecture.

causer par la satisfaction de rendre un réel service à la ville du Mans (1).

Robert TRIGER.

(1) Sources principales consultées : Eugène Hucher, *L'art gaulois*, 1868-1873, 2 vol. in-4° ; *De l'art gaulois comparé à l'art mérovingien*, 1863 ; *De l'art celtique*, 1881, etc. ; *Catalogue du Musée archéologique du Mans*, 1869-95. — L. Courajod, *Leçons professées à l'Ecole du Louvre*, 1887-1896. — Camille Jullian, *Histoire de la Gaule*, 1910. — F. Liger, *La Cénomanie romaine*, 1904, un vol. — A. Ledru, *Répertoire des monuments et objets anciens de la Sarthe et de la Mayenne*, 1911, un vol. — Cᵗ Espérandieu, *Recueil des bas-reliefs et statues de la Gaule romaine*, IV, 1911, in-4°. — H. Barbe, *Jublains*. — R. Charles, *Le théâtre antique d'Aubigné et la villa des Roches, à Sceaux*, 1877. — A. Angot, *Le balneum de Rubricaire*, 1903 et 1909. — A. Blanchet, *Etude sur la décoration des édifices de la Gaule romaine*, 1913, un vol. — E. Hucher, *Mosaïque gallo-romaine de Roullé, à Mont-Saint-Jean*, 1845 ; *Statuette gauloise découverte à Roullé*, 1874. — Daudin, *Objets d'antiquités trouvés au Mans dans les fondations du pont Napoléon*, 1809 ; *Recueil de dessins* (des mêmes objets). Bibl. du Mans. — Héron de Villefosse, *Douille gallo-romaine en bronze, du Musée archéologique du Mans*, 1909. — G. Fleury, *Une statue équestre en bronze de l'époque gallo-romaine*, 1886. — A. Blanchet, *Etude sur les figurines de terre cuite de la Gaule romaine*, 1891-1901. — Daudin, *Essai sur les poteries gallo-romaines découvertes au Mans*, 1829. — E. Hucher, *Etude sur les poteries gallo-romaines découvertes au Mans*, 1859, 1860 ; *Notice sur des vases romains découverts dans la Sarthe*, 1866. — R. Charles et G. Fleury, *L'enceinte gallo-romaine du Mans*, 1882. — Robert Triger, *Note sur le dégagement de l'enceinte gallo-romaine du Mans*, 1910 ; *L'amphithéâtre gallo-romain du Mans*, 1903 ; *Un rhinocéros gallo-romain en bronze au Musée archéologique du Mans*, 1914, etc.. — C. Chabrun, *Le Trésor de Jublains*, 1905.

ASSEMBLÉE GÉNÉRALE

Rapport du Président : la Société pendant la guerre ; situation actuelle et projet de réorganisation.

Réélection des membres du Bureau et nomination d'une Commission spéciale de réorganisation.

Le Vendredi 16 Janvier 1920, à 1 h. 1/2 de l'après-midi, a eu lieu à la Maison de la Reine Bérengère, au Mans, l'Assemblée générale des membres fondateurs et titulaires de la Société historique et archéologique du Maine, prévue par les statuts et qui n'avait pu être réunie pendant la guerre.

Sont présents : MM. le Marquis de Beauchesne, Gabriel Fleury, Robert Triger, *membres fondateurs ;* MM. Auburtin, abbé Belin, chanoine Bruneau, Charoy, Cottereau, de Courdoux, de Courtilloles, Colonel Debains, abbé Denis, X. Gasnos, Comte de Gastines, X. Graffin, Colonel Labiche, Le Faucheux, L'Eleu, abbé Lemercier, R. de Linière, E. de Lorière, abbé Loudière, Louvel, A. Mautouchet, Monnoyer, Colonel Nouton, Rebut, de Saint-Denis, docteur Vincent, Général Dardre, représentant du Cercle de l'Union, *membres titulaires.*

Soit *trente présents.*

Sont excusés : S. G. Mgr Charost, évêque de Lille, M. Leret d'Aubigny, député de la Sarthe, MM. le Comte

de Bastard, Baron de la Bouillerie, abbé L. Calendini, abbé
P. Calendini, A. Celier, abbé Corbin, docteur Delaunay,
Mgr Deshayes, Colonel Gasselin, abbé Girard, Grosse-
Duperon, Gouvrion, Commandant Vte de Montesson, Nivert,
Roquet, Colonel Savare, Tournouer, Verdier, Vérité, L'Her-
mitte, conservateur de la Bibliothèque du Mans, *membres
titulaires*, qui ont bien voulu exprimer au Bureau leurs
sympathies et leurs regrets de ne pouvoir assister à la
réunion.

M. Robert Triger, président de la Société, ouvre la séance
et donne lecture du rapport suivant, sur l'historique de la
Société pendant la guerre et sa situation actuelle :

Messieurs et Chers Confrères,

Ce n'est pas sans quelque émotion que je me retrouve
aujourd'hui devant vous, après les cinq années tragiques que
nous venons de traverser. Pendant ces cinq années, nous
avons vécu des jours tour à tour si angoissants et si glorieux
qu'il me semble sortir d'un long rêve, exclusivement dominé
par les préoccupations patriotiques et qui ne devait jamais
finir.

L'heure est venue, cependant, de rentrer dans la réalité,
et, après les joies intenses de la victoire, d'examiner la
nouvelle situation créée à notre Société par la grande
secousse mondiale.

L'heure est venue, surtout, de dégager la responsabilité
de votre Bureau en revenant à l'observation de nos statuts,
et en vous exposant loyalement les circonstances qui ont
amené l'interruption de la vie normale de la Société, ainsi
que les formes restreintes sous lesquelles elle a pu continuer
à manifester son action.

A la fin de juillet 1914, vous vous le rappelez, Messieurs,
l'activité et la prospérité de la Société historique et archéologique du Maine venaient de s'affirmer plus brillamment

que jamais par cette charmante excursion de Sillé-le-
Guillaume, dont l'inoubliable accueil de M. le duc des Cars,
au château de Sourches, et de M. de Vaissières, au château
de Vassé, avait fait l'une des journées mémorables de nos
annales. D'autre part, la publication de la Revue se poursui-
vait régulièrement ; la 4e livraison de l'année était déjà en
partie composée ; le *Cartulaire de Saint-Vincent*, depuis si
longtemps attendu, venait enfin de paraître ; l'aménagement
de notre nouvelle salle de séances était terminé, et notre
dévoué trésorier, M. Mautouchet, en faisant rentrer les
cotisations avec son zèle habituel, nous garantissait l'avenir.

La mobilisation fut, on peut le dire, un coup de foudre
dans ce ciel serein.

Dès la première minute, cinq des membres du Bureau
étaient appelés par leurs situations au service immédiat de
la Patrie. M. de Limère, chef de bataillon au 28e Territorial,
et M. Xavier Gasnos, rejoignaient leur régiment ; MM. de
Beauchesne et de Lorière, maires de leurs communes,
y étaient immobilisés et absorbés par leurs fonctions
administratives, alors si importantes ; moi-même, j'avais la
bonne fortune de trouver à la gare du Mans, dans les cadres
de la Société de Secours aux Blessés militaires, un moyen
d'utiliser activement ma bonne volonté et d'atténuer mes
amers regrets de ne pouvoir reprendre place parmi les
combattants. Il ne restait disponible, au Mans, que notre
trésorier — M. Brindeau étant déjà malade et M. l'abbé Patard
retenu dans sa paroisse.

La publication de la Revue devenait dès lors impossible.
Elle l'était même matériellement, par suite de la mobilisation de son imprimeur, M. Jean Fleury, et de ses ouvriers.

La 4e livraison de 1914 ne put pas même paraître.

Aurait-on pu et aurait-on dû, dans la suite, au cours de la
guerre, reprendre la publication ?

Théoriquement, les avis pouvaient d'autant plus différer
sur ce point que si bon nombre de revues, autour de nous,

restaient suspendues, d'autres survivaient tant bien que
mal. Dans la pratique, il est vrai, les situations étaient fort
différentes, suivant que les revues conservaient, disponibles
ou non, leurs directeurs et leurs imprimeurs ; suivant
qu'elles étaient subventionnées ou non.

Pour ma part, Messieurs, je pris, sans hésiter et sous ma
responsabilité, le parti de suspendre la publication de notre
Revue pendant la guerre, tout en ne prévoyant pas, certes,
la durée extraordinaire de cette guerre. Non seulement, la
décision me sembla s'imposer par la situation spéciale de
notre Société, par la dispersion des membres du Bureau,
et, plus tard, par la mort douloureuse de M. Jean Fleury, '
tombé au service de la France, mais, avec mes idées et
mon tempérament de vieux soldat, il me parut que tous les
efforts intellectuels et physiques, toutes les ressources
matérielles, devaient se concentrer exclusivement sur la
défense nationale. En réclamant des cotisations et en continuant des dépenses qui n'avaient rien d'urgent, j'aurais
craint de faire le moindre tort aux œuvres de guerre ; je me
serais reproché, personnellement, de distraire une heure à
ce service des blessés auquel je m'étais consacré tout entier,
et qui me procurait l'honneur d'être en contact journalier
avec le front. Au reste, j'étais sans inquiétude pour l'avenir :
la Société possédait un gîte assuré, des réserves suffisantes,
et pouvait attendre des jours plus favorables en vivant de
ses rentes.

Beaucoup de nos collègues, consultés individuellement,
ont approuvé cette manière de voir, pensant, eux-aussi,
que pour tous ceux qui pouvaient prêter un concours actif
à la défense du Pays, l'étude du passé devait s'effacer
momentanément devant les devoirs patriotiques.

J'ajoute qu'au point de vue légal, cette mise momentanée
en sommeil de la Société, l'ajournement des élections et la
prolongation des pouvoirs du Bureau au delà du terme
statutaire de 1916, n'avaient rien d'irrégulier. Les élections

pour les sociétés comme pour les pouvoirs publics étaient de droit ajournées à la conclusion de la paix.

A cette suspension forcée de nos publications et de nos réunions, je me suis efforcé au moins, Messieurs, de suppléer par une action individuelle, en saisissant toutes les occasions de faire vivre le nom et le souvenir de la Société.

C'est ainsi que, dans la sphère ordinaire de notre action, je suis allé tout d'abord, en janvier 1915, porter vos sympathies à la ville de Sillé, au lendemain de l'incendie de son vieux château, et me rendre compte sur place, en votre nom, de l'importance des dégâts ; qu'au mois de juin suivant, lors de l'incendie de l'église de la Couture, après avoir participé avec plusieurs de nos confrères au sauvetage dramatique des objets d'art, j'ai présenté au Conseil municipal du Mans de premiers aperçus sur les projets de restauration de la façade, aperçus qui ont été pris en considération dans la séance du 15 juin et ont excité alors quelque attention ; que, vers le même temps, l'amicale initiative de M. le docteur Poix m'a procuré le plaisir de faire visiter le Vieux-Mans et notre nouvelle salle de séances à des groupes de dames et d'officiers, à la tête desquels se trouvèrent même des généraux et M. le Maire du Mans ; que dans les derniers mois de 1915, je fus chargé, comme président de la Société, de diriger l'illustration du manuel d'Histoire de l'Église du Mans, de M. l'abbé Calendini, très heureusement destiné à vulgariser, dans les écoles primaires libres, notre histoire locale.

Le 3 février 1916, l'accalmie de l'hiver nous permettait, pour une fois, de réunir ceux de nos confrères du Bureau qui n'étaient pas au front. Nous en profitions pour préciser la situation de la Société à cette date, et surtout pour prononcer la radiation du seul membre allemand qui figurât sur nos listes, un libraire de Berlin. Le Bureau voulait bien, en outre, admettre les motifs qui avaient entraîné la suspension de la Revue.

Quelques jours plus tard commençait la formidable bataille de Verdun ; les angoisses qu'elle nous apportait me replongeaient tout entier dans les préoccupations militaires et ne me laissaient même ni la liberté d'esprit ni les moyens matériels de publier la feuille de chronique prévue par le Bureau dans sa précédente séance.

Tout au plus, depuis cette époque jusqu'aux grandes émotions de 1918, ai-je pu, avec le fidèle concours de M. Mautouchet, solder définitivement le compte du *Cartulaire de Saint-Vincent*, dont la dernière facture, de 2250 fr. 50, fut payée le 8 février 1918 ; régler le 22 février suivant les notes des trois premières livraisons de la Revue, montant à 1857 fr. 90 ; guider de nouveau dans le Vieux-Mans de nombreux officiers étrangers, entre autres M. le lieutenant-général Baix, commandant les troupes belges, et un groupe de 50 officiers de l'armée des Etats-Unis ; aider enfin le très aimable lieutenant-colonel Chase-Lewis, de la même armée, descendant des Plantagenets, comtes du Maine, à retrouver les souvenirs historiques de ses illustres ancêtres.

Une dernière nouvelle, particulièrement intéressante, vous prouvera cependant, Messieurs, que les grandes questions archéologiques de jadis n'étaient pas tout à fait oubliées.

Dans les dernières années de la guerre, grâce à la sympathique confiance de la Municipalité d'alors, votre Président a eu la joie de contribuer à faire acquérir par la ville du Mans, dans des conditions favorables, quatre des maisons qui masquent les plus belles tours de l'enceinte galloromaine. A la suite de ces nouvelles et si heureuses acquisitions, le dégagement de deux de ces belles tours, qui ont excité au plus haut point l'étonnement et l'intérêt de tous les officiers étrangers — anglais, belges, américains — peut être, dès maintenant, considéré comme assuré. Il serait même permis de l'espérer très prochain malgré les difficultés présentes — si la nouvelle administration municipale daignait ne pas traiter l'archéologie en science trop réactionnaire !

Le fait seul d'avoir contribué à ce commencement de dégagement de l'enceinte gallo-romaine, tant souhaité pour la renommée de la ville du Mans, autorise à dire que la Société historique et archéologique du Maine n'est pas restée complètement inactive pendant la guerre.

Mais, c'est surtout par une patriotique participation aux œuvres de guerre que la survivance de notre groupement s'est affirmée.

Dès le 15 août 1914, M. le Préfet de la Sarthe voulait bien appeler votre Président à prendre part à la constitution du Comité général de Secours. Convaincu d'être en communauté de sentiments avec vous tous, Messieurs, et désireux de témoigner du patriotisme de notre Société, en même temps que de sa vitalité, je n'hésitai pas à répondre à l'appel préfectoral par une souscription de 500 francs, prise sur les fonds disponibles de la Société. Cette souscription sera, d'ailleurs, expressément approuvée par le Bureau dans sa séance du 3 février 1916, et assurera à la Société historique et archéologique du Maine une place honorable devant l'opinion.

En tout cas, son Président eut, désormais, sa place marquée dans tous les Comités de Patronage des souscriptions et journées de bienfaisance. Il s'y trouva en contact avec des hommes d'opinions les plus différentes ; l'*Union Sacrée* — si complète et si sincère — qu'il y rencontra, restera l'un des meilleurs souvenirs de sa carrière.

En 1916, un effort, particulièrement important fut de nouveau provoqué par la Presse Sarthoise. La Société historique et archéologique du Maine participa à la « Journée de la Presse » par une deuxième souscription de 100 francs, à laquelle elle ajouta, pour la tombola, un lot de volumes et gravures que les journaux de toutes nuances voulurent bien signaler avec un égal empressement.

Pendant ce temps, la Société ne restait indifférente à aucun des grands crimes allemands.

Dès le 29 septembre 1914, elle avait adressé à M. le Maire de Reims une protestation indignée contre le bombardement de la Cathédrale. Deux ans plus tard, le 3 octobre 1916, mon titre même de président me permettait d'obtenir de M. le Ministre de la Guerre la faveur, ardemment désirée, d'aller moi-même à Reims, sous le canon allemand. J'y déposais en votre nom, Messieurs, un petit bouquet de roses du Mans au pied de la statue de Jeanne d'Arc ; je me rendais pour vous, un compte exact de l'état de la Cathédrale ; je renouvelais à S. E. le Cardinal Luçon, en personne, l'expression de votre profonde indignation et de votre respectueuse admiration. Les deux conférences, qu'à la suite de cette visite au front, on voudra bien me demander au Mans et à Alençon, rapporteront une somme nette de 1600 francs à l'œuvre si touchante des soldats aveugles.

Unie depuis longtemps à la vaillante Belgique par des sympathies que l'amitié de nos distingués confrères le baron Béthune et le vicomte de Ghellinck-Waernewyck avait encore resserrées, la Société historique et archéologique du Maine ne pouvait davantage rester insensible aux cruelles épreuves des soldats et réfugiés belges.

En votre nom comme au sien, votre Président se fit donc un devoir, dès le mois de novembre 1914, d'accepter la vice-présidence du Comité des Amis de la Belgique, qui venait de se fonder au Mans. Après avoir apporté le concours de toute son influence à la souscription, il prit une part active à l'organisation, très réussie, de l'Exposition de trophées et souvenirs de guerre, ouverte au Mans en 1915, par le Comité ; il y exposa notamment une intéressante collection de photographies : « Le Mans pendant la guerre ». Le 15 octobre suivant, à l'occasion de l'anniversaire de l'arrivée lamentable au camp d'Auvours des héroïques débris de l'armée belge, il exprimait spécialement à M. le lieutenant-général Scheere, commandant les troupes belges dans la Sarthe, les sentiments collectifs de la Société historique et archéologique du Maine. Le lieutenant-général Scheere répondait aussitôt par une lettre officielle des plus sympathiques pour la Société et pour la France.

Mais, Messieurs, plus vives avaient été nos angoisses, plus ardentes avaient été nos espérances, plus grande devait-être notre joie du triomphe final. C'est donc à la grande fête de la Victoire, à la glorieuse rentrée au Mans de nos drapeaux et de nos régiments vainqueurs, que, d'accord avec mes chers collègues du Bureau enfin de retour, je tins à honneur d'associer le plus manifestement la Société historique et archéologique du Maine.

Non seulement votre Président reçut avec une réelle gratitude, du Comité départemental de l'Union des grandes associations françaises, l'honorable mission de diriger l'impression des historiques des régiments pour le jour mémorable de leur rentrée, 24 août 1919, mais M. le Préfet de la Sarthe ayant bien voulu me nommer membre du Comité d'amélioration de l'ordinaire des troupes, je n'hésitai pas à faire un appel exceptionnel à la générosité d'un certain nombre de nos confrères. Ils me répondirent avec un tel élan qu'en quatre jours je recevais 800 francs de souscriptions, dont 500 furent groupés sous la rubrique spéciale « Société historique et archéologique du Maine ».

Bien mieux, en complétant plusieurs autres dons anonymes par un simple prélèvement de 174 francs sur les fonds collectifs de la Société, votre Bureau avait la patriotique satisfaction de pouvoir offrir, de votre part, au 117e d'Infanterie et au 31e d'artillerie — nos deux plus vieux régiments manceaux — deux souvenirs artistiques destinés à faire vivre le nom de notre Société dans les salles d'honneur des régiments et à l'y associer à la célébration de la Victoire.

Autorisée par une lettre très flatteuse de M. le Général commandant le 4ᵉ Corps, la remise de ces souvenirs — deux plaquettes en bronze de Lavrillier « *A la gloire des vainqueurs* » — fut faite le 6 septembre dernier par les membres de votre Bureau, auxquels voulurent bien se joindre MM. les Colonels Labiche et Nouton, M. le duc des Cars et M. Lionel Royer. Reçus dans les salles d'honneur par les deux Colonels du 117ᵉ et du 31ᵉ, entourés de leurs officiers, nous trouvâmes dans leur accueil si cordial et si empressé la meilleure récompense de ce que notre Société avait pu faire pendant la guerre, en même temps qu'un premier symptôme de sa résurrection, coïncidant avec la Victoire même de notre chère France.

En somme, la participation, en argent, de la Société aux diverses souscriptions ou œuvres de guerre s'est élevée à un total de 1800 francs, dont 700 environ pris sur ses économies et 1100 provenant de dons spéciaux de ses membres par l'intermédiaire du Président. Si modeste qu'elle soit, cette participation n'est pas sans mérite, la Société ne recevant aucune subvention et aucune cotisation n'ayant été recouvrée depuis 1914.

Tout en ayant le devoir de vous signaler ces efforts collectifs, j'ai hâte de dire maintenant, Messieurs, qu'ils ne sont rien en comparaison de ce que les membres de la Société historique et archéologique du Maine ont fait individuellement pour le Pays.

Dix d'entre eux, tout d'abord, lui ont donné généreusement leur sang et leur vie, lui sacrifiant, avec une héroïque abnégation, leurs plus légitimes espérances de bonheur terrestre et leurs plus chères affections de famille.

Je vous demande, Messieurs, d'écouter debout la lecture de la glorieuse et funèbre liste.

Ce sont :

MM. le lieutenant-colonel *de Cazenove*, du 117ᵉ d'Infanterie, chef d'état-major d'une division de réserve, disparu dès le début de la campagne, qui, à son départ nous avait fait l'honneur de nous confier son manuscrit d'un nouvel historique du 117°.

Le lieutenant-colonel *Le Sassier-Boisauné*, du 330° d'Infanterie, tragiquement tombé à Braquis, devant le camp retranché de Verdun, le 17 mai 1915, après avoir très brillamment conduit son régiment au feu et conquis l'affectueuse estime de ses soldats.

Le commandant *Derome*, du 410° d'Infanterie, tué le 30 mai 1916, d'une balle au cœur, devant l'ouvrage de Thiaumont, qui a lui aussi prouvé son fidèle attachement à notre Société en lui léguant ses notes et documents historiques sur Madame de Villedieu, la paroisse de Saint-Pierre-des-Ormes, Mamers et les environs.

Le capitaine *de Lantivy de Trédion*, du 115°, frappé mortellement à Virton, le 22 août 1914, en donnant à tous un superbe exemple de courage, d'abnégation et d'énergie.

Le capitaine *Avice*, du 117°, officier d'une rare vigueur et d'un sang-froid remarquable.

Le capitaine *de Fromont de Bouailles*, du 28° Territorial, tué le 6 octobre 1914, près d'Arras, à la tête de sa compagnie.

Le capitaine *René Pavie*, du 317°, tombé en Champagne, le 9 janvier 1916, laissant des regrets particulièrement amers aux Catholiques du Mans et à ses confrères du barreau dont il était une des illustrations.

Le capitaine *Bony*, du 288° d'Infanterie, professeur d'histoire au lycée du Mans, mort au Mans le 6 octobre 1918, des fatigues de la campagne, après avoir pris une part glorieuse à l'immortelle épopée de la Somme, de Verdun et de la Champagne.

Le vicomte Albert *de Sars*, lieutenant au 22° Territorial, l'un de nos jeunes compagnons d'excursions les plus charmants et les plus appréciés, disparu près d'Arras dès le 28 septembre 1914.

L'adjudant Lucien *Lécureux*, du 246° d'Infanterie, ancien

élève de l'Ecole des Chartes, professeur au lycée du Mans, engagé volontaire, tué à Moulin-sous-Touvent, le 4 juin 1918 ; sous un extérieur d'une extrême modestie, je puis saluer en lui un soldat « animé du plus pur sentiment du devoir et d'admirables qualités morales » suivant les expressions mêmes du général Mangin, un archéologue de haute valeur et... un saint !

A cette liste émouvante permettez-moi d'ajouter le nom de M. Jean *Fleury*, automobiliste militaire, broyé par un obus, près de Verdun, le 17 juillet 1917, dans son service de ravitaillement des munitions. Son titre d'imprimeur de la Revue lui donnait une place spéciale parmi nous et motive l'exception que je fais en le citant. Bien d'autres fils de nos confrères, hélas, sont morts pour la France ; leur liste serait trop longue, et je craindrais encore d'être incomplet !

Laissez-moi, au moins, Messieurs, adresser en votre nom à tous ceux des membres de notre Société qui ont eu l'affreuse douleur de perdre un ou plusieurs fils, ainsi qu'aux familles des regrettés officiers que je viens de nommer, l'expression de nos plus profondes sympathies et l'assurance de la très grande part que nous prenons à leurs sacrifices.

Après avoir rendu ce suprême hommage à nos héros tombés pour la Patrie, je serais heureux de saluer les vivants, de rendre aussi justice à tous ceux de nos confrères qui ont fait si brillamment leur devoir au front, à l'exemple de notre excellent secrétaire le commandant de Linière, du colonel Debains, du capitaine Pallu du Bellay, grièvement blessé, de MM. le duc de Doudeauville, d'Ailliéres, de Gastines, Goupil, de Juigné, Leblanc, Ory, Cottereau, Xavier Gasnos, docteur Delaunay, etc. J'aimerais à vous les citer tous, officiers et soldats, ces vaillants combattants de la Société historique du Maine ; à vous rappeler les nombreuses décorations et citations qu'ils ont si bien gagnées et qui nous font tant honneur. Mais, du coup, la glorieuse liste serait si longue qu'il nous faudrait une séance de nuit. A tous, je ne puis dire qu'un mot : « Nous sommes fiers de vous, mes chers confrères, et nous, les vieux, nous vous envions ».

Vous ne me reprocherez cependant pas d'être prolixe, Messieurs, si j'achève de payer nos dettes de guerre en adressant particulièrement l'expression de notre gratitude à ceux de nos confrères qui ont rempli avec tant de zèle et d'abnégation les difficiles fonctions de maires pendant la guerre, et l'hommage de notre respectueuse admiration à l'éminent évêque de Lille, S. G. Mgr Charost, membre de notre Société ; il a tenu haut et ferme le drapeau de la France en face de l'ennemi et sa courageuse attitude a ajouté, certes, une bien belle page à l'histoire des Manceaux.

Pendant ces cinq années, hélas, la mort n'a pas fauché seulement sur le front. Elle a continué, implacable, à décimer l'arrière, et, en outre des vaillants tombés au champ d'honneur, elle nous a enlevé — d'après les renseignements qui nous sont parvenus jusqu'ici — 44 excellents collègues : 3 membres d'honneur, 22 membres titulaires et 19 associés.

A mon vif regret, je ne puis encore, sans abuser de votre temps, vous les énumerer tous. Je dois me borner à rappeler les noms de ceux qui furent plus particulièrement, pour notre Société, des illustrations, des collaborateurs dévoués et des amis de la première heure.

M. le général de Boisdeffre, ancien Chef d'Etat-Major de l'Armée ; M. Héron de Villetosse, membre de l'Institut ; M. le Vicomte de Ghellinck-Waernewyck, de l'Académie Royale d'archéologie de Belgique, dont les noms inscrits en tête de nos membres d'honneur, étaient, je puis le dire, la gloire de la Société.

M. Paul Brindeau, notre très regretté secrétaire honoraire et l'un de nos plus anciens confrères ; M. le Chanoine Froger, M. l'abbé Angot, M. le Comte Bertrand de Broussillon,

M. le Comte Charles de Beaumont, dont les nombreux et
importants travaux d'érudition étaient si hautement appréciés ; M. Degoulet, l'un de nos vénérables doyens d'âge ;
M. l'abbé Besnard, M. Deschamps-la-Rivière, M. l'abbé
Devaux, qui avaient bien voulu donner des articles à la
Revue ; Mgr Gouin ; M. le Chanoine Dumaine, vice-président
de la Société historique et archéologique de l'Orne, qui a
tenu à léguer en souvenir à notre bibliothèque un curieux
manuscrit, *Le livre des vêtures à l'usage de l'abbesse du Pré*,
en 1656 ; M. Edouard Rommé, de Sougé-le-Ganelon, qui
nous destinait également une partie de son intéressante
collection locale, malheureusement dispersée à sa mort et
dont il nous reste, au moins, une belle bourse brodée, aux
armes de Marie-Josèphe de Saxe, grande Dauphine de
France, mère de Louis XVI, de Louis XVIII et de Charles X.

En évoquant les noms de tant d'excellents amis, de si
infatigables travailleurs, impossibles à remplacer d'ici
longtemps, mon cœur se serre, Messieurs, et c'est avec un
double sentiment de tristesse et de gratitude que je leur
adresse à tous — ainsi qu'aux 28 autres disparus, fidèles
lecteurs de notre Revue — un suprême adieu et un suprême
merci.

En ajoutant à ces 54 morts du front et de l'arrière
7 démissions trop bien motivées et la radiation du libraire
de Berlin, nous arrivons, en définitive, à un total de 62 per-
tes depuis l'impression de la liste de 1914. L'effectif total
des membres de la Société, de 327 en 1914 — sans les
membres honoraires qui ne comptent que de nom — se
trouve ainsi réduit actuellement à 265, dont 4 membres
d'honneur, 5 fondateurs, 125 titulaires et 131 associés.
Déduction faite des quelques services gratuits, jadis justi-
fiés par des concours exceptionnels, la diminution du
produits des cotisations ne serait que de 765 fr. sur un
total de 4825 fr. en 1914.

Sur ces bases, le bilan actuel de la Société peut s'établir de la manière suivante :

I. RÉSERVE

A la date de ce jour, la Société historique et archéologique du Maine possède, en deux titres de rentes sur l'Etat 3 % et 4 % immatriculés à son nom et déposés à la Banque de France, un total de 303 fr. de rente.

Ces 303 fr. de rente, dont le capital constitue une réserve sacrée, suffisent amplement, jusqu'ici, au paiement du loyer, des impôts, des assurances et des menus frais d'administration. En vertu du bail, à nous si généreusement consenti en 1912 par M. Gustave Singher et dont la Ville du Mans a endossé les engagements, la Société est, en effet, logée jusqu'au mois de novembre 1921 moyennant un loyer annuel de 150 francs seulement.

Pendant 22 mois encore, la Société est donc assurée de son gîte aux mêmes conditions. Ce délai donne tout le temps nécessaire à la réorganisation, en nous permettant de continuer à vivre de nos rentes dans un local si confortable qu'il pourrait suffire seul à préserver la Société d'une mort prématurée.

II. COMPTE COURANT

En outre de sa réserve sacrée de 303 fr. de rente, la Société possède actuellement :

1º En dépôt à la Trésorerie générale de la Sarthe . . . . 2321 fr. 40
2º Dans la caisse du Trésorier. . . . 754 fr. 45

Total. . . . 3075 fr. 85

Comme je dois, en honnête homme, vous proposer, tout d'abord, d'achever la publication de la livraison d'août 1914, en réalité due à nos abonnés et dont une partie de la composition a été conservée ; comme il serait même utile d'ajouter quelques pages aux deux articles déjà composés pour combler la lacune de 1914 à 1919 et exposer à tous nos confrères la situation actuelle, il y a lieu de déduire dès maintenant de ces 3075 fr. du compte-courant, la somme nécessaire pour cette publication, soit, aux prix d'aujourd'hui au moins 1000 fr.

Il resterait, dès lors, environ 2.000 fr. disponibles comme avances pour les futures publications.

D'autre part, le *Cartulaire de Saint-Vincent* étant désormais réglé, on peut escompter encore à notre actif le montant d'au moins 4 exemplaires non payés jusqu'ici, soit 60 fr. et le produit de ce que la Société pourra, avec le temps, retirer de la vente de l'édition que la guerre a empêché de lancer.

Quoiqu'il en soit, si aux 2000 fr. d'avances disponibles s'ajoutaient, en 1920, les cotisations des 265 membres subsistants sur nos listes, soit environ 4000 fr., la Société serait en mesure de reprendre, dans des proportions relativement honorables, la publication de la Revue, quitte à la condenser en un volume, au lieu des deux qu'il était parfois difficile d'alimenter et qu'elle était presque la seule des Sociétés de province à distribuer à ses abonnés.

Je crois même pouvoir dire, Messieurs, que si les conditions économiques étaient restées ce qu'elles étaient en 1914 et même dans les premières années de la guerre, il eut été facile de relever assez vite à 300 l'effectif de nos membres, et que j'aurais la satisfaction de vous remettre aujourd'hui — malgré son patriotique sommeil de cinq années — une Société à peu près aussi vivante et aussi solide qu'avant la guerre.

Malheureusement, il ne faut pas se faire illusion, et les conditions économiques de l'heure présente modifient la situation d'une manière radicale et imprévue.

Les prix d'impression, déjà plus que triplés par la désastreuse journée de huit heures, ne cessent de s'accroître ; la crise de papier et de la main-d'œuvre menace de se prolonger indéfiniment, et il est impossible de prévoir, en présence des difficultés de la vie chère, combien de nos 265 collègues actuels pourront continuer à payer leurs cotisations. Un certain nombre, je le crains, seront contraints de les refuser ; d'autres, dont l'adhésion était plutôt de complaisance ou de mode, profiteront de l'occasion pour s'esquiver. Du chiffre normal d'environ 6000 fr. que je vous faisais entrevoir tout à l'heure, les ressources disponibles pour la publication de la Revue peuvent tomber à un chiffre à peine suffisant pour imprimer 150 à 200 pages par an.

Bien plus, d'ici très longtemps, il sera de toute impossibilité de demander à nos membres titulaires la cotisation supplémentaire prévue par les statuts ; à plus forte raison, la discrétion dont je me suis toujours honoré me rend nettement opposé à une augmentation du chiffre des cotisations.

De toutes façons, notre Société, conçue et créée surtout comme Société de publication, ne peut plus répondre entièrement à son but d'origine.

De toutes façons, elle doit se résigner à des réductions. Vous apprécierez les désolantes proportions de ces réductions, dont beaucoup ne se rendent pas compte, quand vous saurez que, d'après les derniers devis du successeur de M. Fleury, la feuille de 16 pages de la Revue, telle que nous la publions jadis, à 450 exemplaires, revient actuellement à 237 fr. 50 ; que pour donner les deux volumes d'avant-guerre, soit une moyenne de 700 pages, il nous faudrait aujourd'hui au lieu de 3500 fr. une somme de 10450 fr. Pour un seul volume de 350 pages, il faudrait 5525 fr. sans les illustrations !

De là, l'obligation rigoureuse de modifier le caractère primitif de la Société, de suppléer à la réduction des publications par des séances de travail, des causeries historiques, des excursions archéologiques, susceptibles de maintenir un lien entre nos membres et d'étendre notre action dans un milieu plus général que celui de l'érudition pure.

De là, la nécessité de nombreuses modifications dans les statuts, d'une répartition nouvelle des livraisons de la Revue, d'une révision des échanges, de l'étude d'un nouveau traité d'imprimerie ; en un mot, d'une réorganisation complète de la Société.

A cette réorganisation, déjà si compliquée, semble devoir se joindre une autre question du plus haut intérêt.

Pour tous les esprits réfléchis et désintéressés des mesquines ambitions personnelles, il est bien évident que le moyon le plus efficace et le plus avantageux de faire face aux difficultés présentes, est une réduction du nombre souvent excessif des sociétés locales ayant pour objet les mêmes études, une concentration d'efforts et de ressources trop longtemps dispersés. Or, plusieurs représentants d'une revue similaire à la notre et également atteinte dans son fonctionnement d'avant-guerre, ont bien voulu me laisser entrevoir qu'une fusion ne serait peut-être pas impossible et me témoigner au moins le désir qu'elle soit mise à l'étude.

Cette fusion — si rationnelle et si indiquée par les circonstances — je la désire, pour ma part, très sincèrement, pourvu qu'elle soit compatible avec la dignité et l'avenir de notre Société. En tout cas, je considérerais comme une faute inexcusable de ne pas l'étudier avec toute l'attention et toute l'importance qui convient.

Vous voici donc, Messieurs et chers Confrères, en présence de deux questions capitales, d'une importance sans précédent dans nos modestes annales : réorganisation complète de la Société avec révision des statuts, et projet de fusion.

Je dis « vous voici en présence » et non pas « nous », car en ce qui me concerne, je ne me sens plus ni l'âge, ni les loisirs convenables pour prendre la principale responsabilité de solutions aussi complexes, et j'ai l'honneur, après détermination mûrement réfléchie, de vous remettre aujourd'hui — en principe — ma démission de président de la Société historique et archéologique du Maine.

En gardant une profonde gratitude de votre si longue et si amicale confiance, je vous remets cette démission sans aucune arrière-pensée, pour deux motifs essentiels :

1° Parce qu'à l'aurore de ma 65ᵉ année et après mes fatigues de la guerre, il m'est réellement impossible de conserver seul les deux lourdes charges de la direction de la Revue et du recrutement des membres, dont votre trop grande amitié me laisse, depuis bientôt trente ans, supporter le principal poids, et que j'estime, en ce moment, absolument indispensables, des concours et des efforts *collectifs*.

2° Parce que je tiens à honneur de faciliter le projet de fusion en déblayant le terrain de ma personne et de vous laisser ainsi pleine liberté pour la formation d'un nouveau Bureau.

Afin d'éviter toute interprétation inexacte, je suis heureux d'assurer que la question financière n'est nullement la cause déterminante de ma décision ; car d'une part, les réserves de la Société, demeurées absolument intactes, lui permettent d'attendre tout le temps nécessaire pour la reprise de ses publications, et, d'autre part, les difficultés présentes qui rendent indispensables un effort *collectif*, proviennent exclusivement d'une situation économique générale, dont nous ne sommes en rien responsables, ni les uns, ni les autres.

Aussi, Messieurs et chers Collègues, comme il importe que la Société — encore parfaitement viable et installée dans un local que d'autres lui envient — se maintienne toujours vivante ; comme il importe qu'elle se présente toujours forte, unie et indépendante à l'heure des négociations ; comme l'étude forcément longue des projets de réorganisation et de fusion exige une période transitoire pendant laquelle l'administration de la Société ne peut rester en deshérence, je me permets de vous proposer, pour l'instant les résolutions suivantes :

1° Renouvellement pur et simple, jusqu'à une prochaine assemblée générale, des pouvoirs statutaires du Bureau, y compris le président, malgré la démission de principe qu'il vient de vous donner.

2° Nomination d'une Commission spéciale, chargée d'étudier la réorganisation, la révision des statuts, l'époque de la reprise, sur de nouvelles bases, de la publication de la Revue, et le projet de fusion.

3° Présentation, dès que possible, des conclusions de cette commission à une nouvelle Assemblée générale appelée à les discuter, à les voter, et à élire un bureau définitif.

Si vous jugez à propos d'adopter ces propositions, tous les intérêts de la Société se trouveront, je l'espère, sauvegardés.

D'accord avec mes excellents confrères du Bureau, je garderai pendant la période transitoire, comme par le passé, la responsabilité administrative et financière ; je resterai en mesure de vous représenter, au besoin, devant les pouvoirs publics, et j'assurerai, même encore, si vous la décidez, la publication de la dernière livraison de la Revue qui porterait les dates 1914-1919. Cette publication me paraît, en effet, doublement utile. Elle est due, par le fait, à nos abonnés, et bien que l'élévation des prix actuels contraigne de la réduire à un pauvre petit fascicule de 80 pages, sa distribution *gratuite* permettrait peut-être de reprendre en mains la plupart de nos confrères ; elle permettrait tout au moins de savoir approximativement sur combien d'entre eux on peut encore compter.

Mais, personnellement, je me refuse, d'une manière absolue, à faire partie de la Commission de réorganisation que je tiens à laisser travailler réellement — en pleine liberté —

et sous sa responsabilité *collective*. Son œuvre doit être une œuvre nettement *collective*, qu'on ne puisse suspecter d'être influencée par le président.

Comme de juste, Messieurs, je vous demande de constituer la Commission de réorganisation avec les membres du Bureau actuel, si dévoués à la Société, en leur accordant la faculté de s'adjoindre, à titre consultatif, ceux de nos collègues dont les conseils leur paraîtraient utiles.

Je vous demande surtout, en terminant, d'user de toute votre influence pour décider tous ceux de nos confrères que vous connaissez à faire le léger sacrifice de ne pas abandonner notre Société. Je viens de vous montrer, je l'espère, que son œuvre n'est point une œuvre d'ambition personnelle. Par cela même qu'elle a pour but spécial, en associant les intelligences et les bonnes volontés, de maintenir le souvenir des traditions locales, d'encourager de modestes et vaillants travailleurs ; mieux encore, de faire apprécier et de défendre les vieux monuments qui font la gloire et la richesse de notre province, la Société historique et archéologique du Maine contribue très efficacement à l'instruction de la génération contemporaine, et elle a, quoiqu'on en puisse dire, une utilité réelle. Pour notre honneur à tous, elle ne peut mourir de la Victoire. Elle veut vivre et elle le peut, à la condition que tous, Messieurs, vous travailliez à faire comprendre son intérêt et à maintenir ses amis inébranlables devant des difficultés économiques que l'histoire même du passé nous garantit passagères.

Les conclusions de ce rapport n'ayant soulevé aucune objection et l'Assemblée, consultée, ayant déclaré vouloir voter par acclamation, sont élus à l'unanimité :

MM. Robert Triger, *président*.

Marquis de Beauchesne, *vice-président*.

MM. Edouard de Lorière, ⎱ *secrétaires* (1).
    Raoul de Linière, ⎰

    A. Mautouchet, *tresorier*.

Abbé Patard, ⎱ *bibliothecaires-archivistes*.
Xavier Gasnos, ⎰

Sont ensuites nommés membres de la *Commission de réorganisation* :

MM. le Marquis de Beauchesne,

    Edouard de Lorière,

    Raoul de Linière,

    A. Mautouchet,

    Abbé Patard.

    Xavier Gasnos.

La proposition du président, relative à la publication immédiate de la 4e livraison de la Revue de 1914, avec adjonction de l'exposé de la situation actuelle, est également adoptée à l'unanimité.

Avant de lever la séance, M. Robert Triger présente à l'Assemblée diverses brochures relatives à la guerre, offertes à la Société depuis 1914, ainsi que les documents, manuscrits et objets légués par le Commandant Derome, M. le vicaire-général Dumaine et M. Edouard Rommé.

L'Assemblée reçoit avec une gratitude émue ces touchants souvenirs d'excellents confrères, amis fidèles de la Société, particulièrement regrettés.

Après un intéressant échange de vues sur le présent et l'avenir de la Société, la séance est levée à 3 heures.

Le Président,
Robert TRIGER.

Le Secrétaire,
  R. de LINIÈRE.

---

(1) Le titre de *secrétaire honoraire*, précédemment décerné au R. P. dom Heurtebize, lui étant definitivement acquis. n'avait pas a lui être renouvele.

TABLE DES MATIÈRES

Le Gérant : Gabriel ENAULT.

MAMERS. — IMPRIMERIE GABRIEL ENAULT. — 1920.

PRINCIPAUX OUVRAGES
OFFERTS A LA BIBLIOTHÈQUE DE LA SOCIÉTÉ

Livre des Vêtures de l'abbaye du Pré, manuscrit du XVIIe
siècle, légué par M. le Vicaire général Dumaine.

Commandant Espérandieu. — *Recueil des Bas-reliefs,
statues et bustes de la Gaule romaine*, tomes VI et VII.
Paris, Imprimerie Nationale, in-4º, 1915-1918.

*Les Allemands destructeurs des Cathédrales et des trésors
du passé.* Paris, Hachette, 1915.
(Offerts par le Ministère de l'Instruction publique
et le Sous-Secrétariat des Beaux-Arts.)

Léon Le Grand. — *Les Sources de l'histoire religieuse de la
Révolution aux Archives Nationales.* Paris, Champion,
1914.

Dr Adrien Guélhard. — *Sur l'Anse Funiculaire.* Saint-
Vallier de Thiey, un vol.

Vte E. de la Barre de Nanteuil. — *Le Livre de la Maison de
Moyre.* Alençon, 1917, gr. in-8º.

— *Effuves et cendres.* Paris, Jouve, in-12.

*Notices sur le 117e d'Infanterie, les 31e et 44e d'Artillerie
pendant la campagne contre l'Allemagne*, 3 br. offertes
par le Comité de l'Union des grandes associations françaises. Le Mans, imp. Monnoyer, 1919.

Le Gérant: G. ENAULT.

MAMERS. — IMPRIMERIE Gabriel ENAULT. — 1920.